나의 첫 보자기 창업

나의 첫 보자기 창업

초판 1쇄 인쇄 2025년 8월 10일
　　　1쇄 발행 2025년 8월 20일

지은이 김태경
대표·총괄기획 우세웅

책임편집 정은지
콘텐츠제작 김세경
북디자인 박정호

종이 페이퍼프라이스㈜
인쇄 ㈜다온피앤피

펴낸곳 슬로디미디어
출판등록 2017년 6월 13일 제25100-2017-000035호
주소 경기 고양시 덕양구 청초로 66, 덕은리버워크 A동 15층 18호
전화 02)493-7780　**팩스** 0303)3442-7780
홈페이지 slodymedia.modoo.at　**이메일** wsw2525@gmail.com

ISBN 979-11-6785-273-1 (03320)

글 ⓒ 김태경, 2025

※ 이 책은 저작권법에 의하여 보호받는 저작물이므로 무단 전재와 무단 복제를 금합니다.
※ 이 책을 사용할 경우 반드시 저작권자와 슬로디미디어의 서면 동의를 받아야 합니다.
※ 잘못된 책은 구입하신 서점에서 교환해 드립니다.
※ 본서에 인용된 모든 글과 이미지는 독자들에게 해당 내용을 효과적으로 전달하기 위해 출처를 밝혀 제한적으로 사용하였습니다.

※ 슬로디미디어는 여러분의 소중한 원고를 기다리고 있습니다.
　 wsw2525@gmail.com 메일로 개요와 취지, 연락처를 보내주세요.

20만 원으로 시작해
전국 브랜드를 만든
'데일리보자기' 이야기

나의
첫 보자기
창업

김태경 지음

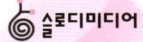

추천사

인생의 갈림길에서 우리는 웅크릴지, 앞으로 나아갈지를 선택해야 합니다. 이 책에는 두려움 속에서도 한 걸음씩 나아간 김태경 대표의 용기 있는 여정과 구체적인 실천 방법이 생생하게 담겨 있습니다. 그녀의 이야기를 통해, 알을 깨지 못한 수많은 이가 자신만의 빛을 품고 세상 밖으로 힘차게 날아오르기를 바랍니다.

– 한국디지털퍼스널브랜딩협회 대표 조재옥

이 책의 저자는 '보자기' 하나로 '여성 창업가'라는 수식어를 넘어, 자신의 꿈을 현실로 만든 주체적 삶의 모범을 보여줍니다. 가정과 일, 예술성과 경영 효율성 사이에서 균형을 찾아낸 시행착오의 기록은 수많은 여성에게 '나 역시 해낼 수 있다'라는 용기를 선물합니다. 당신이 공방 창업을 준비하든, 이미 사업을 운영 중이든, 혹은 단순히 새로운 가능성을 찾고 있을 뿐이든, 이 책을 통해 얻게 될 것은 지식 그 이상일 것입니다.

– 시니어 인플루언서 작가 지인옥

용기가 필요한 누군가에게 자신의 삶으로 희망을 전하는 사람이 있습니다. 저는 마케팅 강사와 수강생으로 만나 그녀의 사업 초창기와 성장 과정을 지켜본 산증인입니다. 김태경 대표는 살아 움직이는 '1인 공방의 바이블'입니다. 긴 어둠 속에서도 작은 희망의 빛줄기를 붙잡고 공방을 지켜낸 그녀의 경험과 노하우가 이 책에 담겨 있습니다. 이 책이 소상공인, 자영업자, 1인 사장님들께 희망과 용기를 전해 주기를 바랍니다.

– '트리파크' 대표, 공방 매출 최적화 마케팅' 전문가 박주애

삶이 가장 어두웠던 시기, 저는 보자기와 김태경 대표님을 만났습니다. 경력이 단절되고 자존감마저 무너졌던 저에게 대표님은 "지금도 충분히 잘할 수 있다."라고 말씀해 주셨고, 그 따뜻한 한마디는 제 삶을 다시 움직이게 했습니다. 보자기와 실크스크린 작업은 단순한 기술을 넘어 제 마음을 어루만지고, 다시 시작할 수 있는 용기를 주었습니다. 그렇게 탄생한 것이 지금의 공방, '단디보자기'입니다.

이 책은 단순히 보자기 만드는 법을 알려 주는 기술서가 아닙니다. 마음을 담는 손길이 무엇인지 알려 주는 따뜻한 기록입니다. 특히 경력 단절로 고민 중인 여성, 그리고 새로운 생명을 품으며 자기 자신을 잊고 있는 임산부들에게 이 책이 조용한 위로이자, 다시 시작할 수 있다는 용기가 되기를 진심으로 바랍니다.

– '단디보자기' 대표 김규리(데일리보자기 부산점)

2022년 3월에 만난 인연이 벌써 햇수로 4년을 지나가고 있네요. 사장님 덕분에 저희 '꿀쟁이' 제품들이 더 잘 팔리고, 품질이 높아지고 있습니다. 보자기에 그치지 않고 끊임없이 발전하는 사장님이 너무 멋지시고 자랑스럽습니다! 사장님 덕에 저희도 같이 성장하고 발전하고 있는 점, 다시 한번 감사드리며 '데일리보자기'의 앞날을 응원합니다.

– '꿀쟁이' 대표

'무(無)'에서 '유(有)'를 만들어 내는 것은 결코 쉬운 일이 아닙니다. 하지만 이미 그 일을 해낸 사람의 경험과 조언이 있다면, 그 과정은 훨씬 수월해질 수 있습니다. 새로운 도전을 시작하시는 분들께 이 책을 추천합니다. '데일리보자기' 김태경 대표님의 성공 노하우를 통해 여러분의 꿈을 더욱 수월하게 이뤄내시길 바랍니다.

– '배로샌드' 대표

차례

추천사 . 4
프롤로그 _ "보자기의 무한한 가능성을 아시나요?" . 8

PART 1 빚더미에서 어느 날 갑자기 보자기 공방의 사장이 되다

단돈 35,000원으로 시작한 보자기 창업 . 15
5평짜리 사무실에서 첫 창업을 시작하다 . 20
하루 하나의 글, 미래의 고객을 부르다 . 25
자격증 없이 시작한 '이단아'의 용기 . 29
맨땅에서도 성과를 내는 온라인 마케팅의 힘 . 35
투자 금액보다 중요한 건 '의지'다 . 43
브랜드의 운명을 결정하는 '직관적인 이름' . 47

PART 2 보자기 한 장도 배달해 드립니다

찾아가는 장사, 보자기 방문 판매의 시작 . 55
이윤이 아닌 '사람'을 모으는 사업 . 59
이윤 계산, 그런 거 몰라도 됩니다 . 63
보자기를 사면 홍보는 덤입니다 . 67
사람을 좋아했을 뿐인데, 평택의 골목이 달라졌다 . 72
거래처와 오래가는 비결, 서로의 VIP 고객 되기 . 79
제안서 없이 기관, 기업에 출강하는 법 . 83

PART 3 '데일리보자기' 사업의 성공 노하우

좁은 공방에서 시작된 꿈, 넓은 공간에서 현실이 되다 . 89

간절함이 만든 기회, 공중파 출연의 순간 . 92
영업의 달인이 되는 인스타그램 활용 비결 . 97
'처음'이 '최고'를 이기는 순간 . 107
일 년 열두 달 중 석 달만 바빠요 . 112
시급 12,000원 vs 시급 200,000원 . 116
저는 팔릴 만한 제품만 만듭니다 . 119
작은 공방이 대량생산 공장을 이기는 법 . 126

PART 4 장사꾼과 사업가 사이, 그 어딘가

BMW/GUESS와의 협업 비결 . 139
장인이 될 것인가, 돈을 벌 것인가 . 143
무인 공방의 시작, 문 닫힌 날의 대안 . 148
혼자가 아닌, 함께해야 브랜드가 된다 . 152
수많은 실패는 돈 주고도 못 사는 노하우가 된다 . 156
경쟁자가 있어야 시장도 성장한다 . 164
장사를 열심히 했더니 사업가가 되었습니다 . 169

PART 5 '데일리보자기', 전국 지점의 꿈을 이루다

혼자보다 함께, 공동구매에서 시작된 프랜차이즈의 꿈 . 179
실행하지 않는 사람들 . 184
전국 팔도를 유랑하는 보자기 CEO . 188
보자기를 통해 실현하는 ESG 가치 . 194
LA에서 평택까지 '데일리보자기'를 찾아 오다 . 201
'데일리보자기'만의 독특한 수업 방식 . 206
보자기 계의 '이삭토스트'가 되기로 하다 . 217

에필로그 _ 이제, 당신의 보자기를 펼칠 시간입니다 . 224

프롤로그

"보자기의 무한한 가능성을 아시나요?"

　네모반듯한 천이면 뭐든지 가능하고, 어떤 형태든 감쌀 수 있는 게 바로 '보자기'예요. 작은 선물부터 커다란 물건까지, 모양과 크기에 상관없이 모두 품어내는 보자기의 포용력은 정말 놀라워요.
　처음 공방을 시작했을 때만 해도 이 단순한 천이 제 인생과 얼마나 닮았는지 몰랐어요. 그런데 창업의 고비를 몇 번 넘기면서 조금씩 알게 되었어요. 보자기처럼 우리 삶도 때로는 둥글게, 때로는 각지게 변화하면서 다양한 경험을 감싸안게 되더라고요. 절망의 한가운데서 나를 감싸 안을 수 있는 건 결국 나 자신뿐이라는 것도요. 실패와 좌절의 순간에도 보자기처럼 다시 펼쳐 새로운 가능성을 만들어갈 수 있었어요. 보자기가 물건을 감싸는 방식이 무한하듯, 우리의 인생도 무한한 가능성으로 가득 차 있지요.
　하지만 그 가능성이 당장은 잘 보이지 않을 때가 참 많아요. 누구나 시련은 있다고 말하지만, 엄마로서 아이를 안고 울던 순간들이 지금도 생생하게 떠올라요. 아무것도 할 수 없을 것만 같던 절망의 시간. 개인회생 중이던 제게 육아와 생존은 그 어떤 시련보다도 버거웠어요. 빚더미 위의 경력 단절 여성이 된 저는 점점 작아지는 꿈을 바라볼 수밖에 없었지요. 그런 저에게 한 줄기 빛은 단돈 '3만 5천 원'이었어요. 이 적은 금액은 최선의 투자금이자 삶의 갈림길에서 마주한 첫 번째 희망, 바로 보자기 포장 수업에 투자한 금액이었지요.

그 3만 5천 원은 저에게 하나의 깨달음을 주었어요. 앞이 보이지 않는 어둠 속에서도 내 손으로 무언가를 할 수 있다는 희망이 존재한다는 걸요. 아이가 자는 틈틈이 밤을 새워가며 보자기를 수없이 접고 묶던 시간이 저에겐 살아갈 이유이자 유일한 빛이었어요. 보자기는 누군가에게는 그저 평범한 천 한 장일지 몰라도, 제게는 삶을 다시 움직이게 해 준 구원자였어요.

처음에는 집에서 보자기 두 장을 사서 팔고, 그 돈으로 네 장을 사고, 다시 여덟 장을 사는 식으로 조금씩 시작했어요. 아이가 낮잠 잘 때 틈틈이 하던 그 일이 바로 지금의 공방을 만들어주었지요. 보증금 300만 원, 월세 20만 원짜리의 창문도 없는 5평짜리 좁은 공간이었지만, 그곳은 제 꿈이 자라난 첫 터전이었어요.

'데일리보자기'의 탄생

명절 때만 쓰이던 보자기의 이미지를 바꾸고 싶었어요. 누구나 일상에서 자연스럽게 사용할 수 있도록, 그래서 '데일리보자기'라는 브랜드가 탄생했지요. 그리고 지금, 제 앞에는 연 매출 1억 원이라는 결과가 놓여있어요. 처음엔 가난에서 벗어나고 싶어서 시작한 일이었지만, 보자기는 어느새 저에게 더 큰 꿈을 선물해 주었어요.

물론, 이 여정이 항상 순탄했던 건 아니에요. 실패와 좌절, 그리고 포기하고 싶었던 날들이 수도 없이 많았어요. 그 순간들을 어떻게 견뎌냈는지, 그리고 어떤 방식으로 이겨냈는지를 이 책에 모두 담았어요.

이 책은 누구에게나 열려 있는 두 번째, 세 번째 기회에 관한 이야기예요. 늦었다고 생각하는 분들에게도 새로운 시작은 언제나 가능하다는 걸 꼭 전하고 싶었어요. 저 역시 그랬으니까요. 타고난 재능이 꼭 필요한 건 아니에요. 중요한 건 단 한 걸음을 내딛는 그 용기예요. 사업을 처음 시작할 땐 누구나 막막하잖아요. 가슴은 뛰는데, 어디서부터 시작해야 할지 몰라 답답할 때가 많지요. 저도 그랬어요.

그래서 이 책에는 제가 직접 겪은 시행착오를 줄이고, 조금 더 수월하게 첫발을 내디딜 수 있도록 도와주고 싶은 마음을 가득 담았어요.

타고난 재능이 있는 사람만 성공하는 건 아니라고 생각해요.

보자기처럼 어떤 상황도 감싸안을 수 있는 그 따뜻한 용기. 그 용기를 지금 이 글을 읽고 있는 여러분께 건네고 싶어요.

보자기로 인생을
감싸안는 저자 김태경

PART 1

빚더미에서
어느 날 갑자기
보자기 공방의 사장이 되다

단돈 35,000원으로
시작한 보자기 창업

　세상이 무너지는 소리가 실제로 있다면, 아마도 그것은 하루아침에 나락으로 떨어지는 순간, 마음속 깊은 곳에서 울리는 묵직한 파열음일 것이다.

　스물세 살에 보험 영업을 시작하며 제법 큰 돈을 벌었다. 돈의 맛을 보니 세상이 만만해 보였지만, 그 교만은 오래가지 않았다. 다단계의 덫에 걸려 결국 스물다섯 살에 '개인회생'이라는 낙인을 짊어지게 됐다. 모아둔 돈 하나 없이 스물아홉 살에 빚만 안고 결혼했고, 출산 후 통장 잔고보다 빠르게 불어나는 대출이자에 숨이 턱턱 막혔다. 하고 싶은 것, 할 수 있는 것, 그 무엇도 내게 남은 게 없었다.

　매일 육아에만 매달리며 '나는 이제 끝이구나' 싶은 순간, 인스타그램에서 우연히 보자기 포장 수업 모집 광고를 보게 되었다.

　생후 6개월 된 아이를 시부모님께 맡기고 남편과 함께 평택에서 이

천까지 보자기 수업을 들으러 갔다. 출산 이후 처음으로 집을 벗어난 외출이었다. 늘 휴대전화만 들여다보며 '나는 왜 이러고 있나' 자책하던 그 시기, 결혼 준비로 가입했던 커뮤니티에서 '화장품 예단을 보자기로 포장한 사진'을 보게 되었다.

잊고 있던 퍼즐 한 조각이 맞춰지듯, 머릿속에 선명한 그림이 그려졌다. 예전 직장이었던 아모레퍼시픽에서 화장품을 방문 판매하던 시절의 경험과 세련된 보자기 포장을 접목한다면, 20대 예비신부들에게 확실히 차별화된 상품을 팔 수 있을 것 같았다.

육아 중이라 아르바이트조차 할 수 없는 상황에서 시간 제약이 없는 일은 사업이나 영업뿐이었다. 개인회생 중인 나에게 사업 자금은 없었지만, 다행히도 20대에 보험 영업을 해 본 경험 덕분에 사람을 대하는 데 두려움은 크지 않았다.

그래서 결심했다. 보자기 포장을 배워 아모레 카운슬러 일을 접목해 예단 판매를 해 보자고.

수업을 수강하는 데 필요한 비용은 단돈 35,000원이었다. 누군가는 가벼운 체험 수업으로 기억했겠지만, 나에게는 인생을 건 진심 어린 도전이었다. 수업은 짧게 진행됐고, 선생님은 기본 매듭법 다섯 가지를 보여주며 "영상을 찍어 가서 연습하세요."라는 말을 남겼다. 뚝딱 지나간 1시간. 그러나 돌아오는 길, 이상하게도 가슴이 뛰었다. 오랜만에 무언가를 '할 수 있을 것 같다'는 기분이 들었다.

> "돈을 썼다면, 반드시 값을 해야 한다."

생활비를 쪼개 어렵게 낸 35,000원. 그 값진 비용 하나만으로도 남들보다 몇 배는 더 열심히 매듭을 연습할 이유가 되었다. 그리고 그다음 날, 지역 맘 카페에 '보자기 포장 원데이 클래스'를 직접 모집했다. 실력은 부족했지만, 일단 시작이 중요했다. 단순하게 생각했다. 내가 35,000원을 냈으니, 20,000원만 받아 수업하면 연습도 되고 투자금도 회수할 수 있을 것 같았다. 그렇게 시작한 수업의 신청자는 세 명이었다.

내가 수강했던 보자기 포장 수업에서 보자기를 구매했다. 선생님은 보자기 구매자는 처음이라며 놀라워하셨고, 저렴하게 재료를 지원해 주셨다. 그렇게 '야매' 수업이었지만, 내 인생 첫 창업 수익 60,000원을 벌어들였다. 수익은 크지 않았지만, 내 마음속에선 분명히 무언가가 시작되고 있었다.

> "지금 가진 게 아무것도 없다고 해서,
> 시작조차 하지 못하는 것이 더 두려운 일이다."
> - 에리카 종, 『언젠가는』 중에서 -

눈높이를 맞춘 마음으로 공감을 얻다

보자기 포장을 해 보니 재미가 붙었다. 하루하루가 생기로웠다. 이동

수단도 없었고 아이를 맡길 곳도 마땅치 않아, 아이를 업고 아모레 사무실로 출근했다. 연고 하나 없는 평택에서, 단 20만 원으로 본격적인 창업에 도전했다. 아모레 카운슬러 일은 재고 없이도 시작할 수 있었기에 유일한 희망이었다. 제품을 팔면 30%의 수익이 남았다. 다만 기존 카운슬러들의 이미지는 대부분 50대 이상이었기에, '젊은 카운슬러'로서 나만의 브랜드를 새롭게 구축해야 했다.

비상금 15만 원으로 '미쁘다예단'이라는 브랜드를 만들고, 로고를 제작했다. 인스타그램 계정을 마치 실제 매장처럼 정성껏 꾸몄다. 마케팅이 필요하다고 느껴 온라인 강의를 찾아봤고, 3개월 과정 99,000원짜리 강의를 카드 할부로 결제했다.

단 이틀 만에 모든 강의를 수강한 뒤 바로 실행에 옮겼다. 재고가 없었기에 보자기 두 장을 샘플로 구매해 화장품을 포장했고, 판매가 이루어질 때마다 수익으로 조금씩 재고를 늘려갔다. 아이 방으로 쓰려던 작은방 한편에 포토존을 만들고, 직접 찍은 사진으로 홍보를 시작했다. 결혼 준비를 함께했던 커뮤니티에 도전기를 올리자 예비신부들의 공감이 쏟아졌다.

"같이 결혼 준비하던 그 사람이 직접 만든 예단이라니." 이 말이 힘이 되어 첫 구매로 이어졌다.

지인 하나 없이 시작한 사업은 첫 달부터 매출 목표를 초과했다. SNS와 커뮤니티 홍보만으로도 월 100만 원에서 1,000만 원까지 매출이 올라갔고, 1년 만에 월 수당 500만 원을 받게 되었다. 갖춰진 건 아무엇도 없었다. 그러나 '일단 해 보자'라는 마음으로 시작했기에 가능했던 일이었다. 보자기와 화장품을 접목하기까지 수많은 손품과 시간 투자가 필요했지만, 그 덕분에 누구보다 차별화된 상품이 될 수 있었다.

무엇보다도, 나는 예비신부들의 마음을 잘 이해하고 있었다. 그들의 눈높이에 맞춘 서비스, 그 진심이 통했다. 포기하는 대신 가능성의 끈을 붙들었다.

그게 전부였고, 그걸로 충분했다.

[아모레 예단전문가 시절 보자기 포장]

5평짜리 사무실에서
첫 창업을 시작하다

    화장품 예단 판매가 자리를 잡으면서 하루하루 정신없이 바빠졌다. 친구가 도와줄 정도로 일손이 부족했고, 코로나 19가 시작됐을 땐 잠시 걱정도 되었지만, 의외로 일은 더 잘되었다. 모두가 움츠리던 시기에도 내 일은 오히려 더 분주해졌고, 집에서의 작업은 점점 벅차기 시작했다. 그리고 그렇게 오랫동안 품어왔던 꿈, '작업실을 갖고 싶다'라는 간절함이 다시 고개를 들었다.

    당시엔 빚을 갚는 게 급선무라 보증금조차 없었지만, 매달 꾸준히 수입이 들어오고 있었기에 월세 정도는 감당할 수 있겠다는 자신감이 생겼다.

    망설임 없이 실행에 옮겼다. 상가를 처음 알아보는 일은 두려웠지만, 포기하고 싶진 않았다. 근처 시세를 알아보고, 아는 공방 사장님께 혹시 함께 쓸 수 있을지 물어보기도 했다. 그러나 숍인숍은 현실적으로 어려웠고, 결국 작더라도 내 공간을 직접 구해야겠다고 결심했다.

마음먹는 순간, 움직임은 빨랐다. 평소에도 혼자 결정하고 추진하는 편이라 행동은 거침없었다. 며칠간 발품을 팔아 마침내 보증금 300만 원, 월세 20만 원짜리의 5평 남짓한 작은 상가를 찾았다. 계약을 마음먹고 남편에게 조심스레 이야기했는데, 의외로 "같이 가 보자."라며 흔쾌히 허락해 주었다. 마음에 들면 바로 계약하려고 부족한 보증금은 동생에게 미리 빌렸다. 그날 밤은 설렘에 잠을 이루지 못했다.

남편과 함께 실제로 상가를 눈앞에서 보니 더 마음에 들었다. 오랫동안 방치돼 있던 사무실이었지만, 그곳은 내게 '처음으로 얻는 나만의 일터'였다. 꾸미는 데 돈을 쓸 여유는 없던 터라, '간판 없이 시작하자'라고 마음먹었다. 최소한의 인테리어 비용으로 200만 원 안에서 작업을 마치고, 드디어 첫 공방 '미쁘다공방'의 문을 열었다.

이길 수 없는 싸움에서, 나만의 길을 택하다

공방이 생기자 반가운 소식도 함께 찾아왔다. 차 없이 아이를 데리고 다니느라 늘 걱정하던 모습을 본 아버지가 중고차를 물려주신 것이다. 불과 1년 전만 해도 매달 카드값에 허덕이며 계산기만 두드리던 내가 이제는 '공방 사장님'이 된 것이 기특했던 모양이었다.

'이제 정말 꽃길만 남았겠지.' 그렇게 믿고 있던 찰나, 남편이 청천벽력 같은 말을 전했다.

"나… 회사 그만둬야 할 것 같아." 마치 하늘이 무너지는 듯한 말이었다. 예단 판매가 안정되며 이제야 숨 좀 돌리겠다고 생각했던 순간이었다. 이직 이유는 분명했고, 만류할 수도 없었다. 실업급여를 받는 동안 내가 열심히 일하고, 그가 육아를 맡는 방식으로 긍정적으로 받아들이기로 했다. 마침, 일이 많아지던 시기였기에 오히려 도움이 됐다.

하지만 코로나 팬데믹이 장기화되면서 이직은 늦어졌고, 6개월 가까이 무직 상태가 이어졌다. 얼마 안 되는 퇴직금도 생활비로 모두 사라질 즈음, 다행히 남편은 새로운 회사로 이직할 수 있었다. '이제 우리 둘이 벌면 금세 회복되겠지' 했지만, 현실은 달랐다. 설상가상으로 공방을 연 직후부터 화장품 예단 주문이 눈에 띄게 줄기 시작했다. 한때 월 500만 원까지 매출을 올렸던 예단 판매는 점점 하락세를 탔다. 월세는 20만 원으로 적은 편이었지만, 오픈하며 들어간 초기 비용과 고정비는 큰 부담이 되었다. 걱정이 밀려들었고, 처음엔 이유조차 알 수 없었다. 그러나 시간이 생기자, 그제야 왜 매출이 줄었는지 돌아볼 수 있었다.

코로나 팬데믹이 3년 차에 접어들면서 세상은 이미 달라져 있었다. 결혼식은 작고 간소하게 치르는 추세로 바뀌었고, 예물과 예단도 생략하는 분위기였다. 게다가 내 상품을 모방한 경쟁자들이 많아지며, 과열된 시장은 할인과 사은품 경쟁으로 치닫고 있었다. 이쯤 되니 선택이 필요했다. 더 싸게, 더 많이 서비스하며 경쟁에 매달릴 것인가, 아니면 새로운 길을 찾을 것인가.

결국 결심했다. '싸우는 대신, 빠져나오자.' 보자기 포장 열풍 속에서 나만의 길을 찾기로 했다. 처음 배웠던 대로, 저렴하고 실용적인 보자기 포장을 알려주는 수업을 열기로 했다. 판매 위주의 예단 사업이 아니라, 교육과 보자기 판매를 기반으로 하는 '보자기 공방'으로의 전환이었다.

운 좋게도 보자기를 도매가로 받을 수 있었기에, 전국의 아모레 카운슬러들에게 저렴하게 판매할 수 있었다. 한때 1,000만 원어치의 화장품 예단을 팔던 카운슬러가 직접 무료로 포장을 알려준다고 하니, 반응은 뜨거웠다. 그렇게 또 저돌적 정신이 발동했다.

인스타그램을 통해 서울 센터와 연결된 카운슬러들에게 직접 DM을 보냈다. 재료비만 받고 '재능 기부' 수업을 열었다. 아침 일찍 세 살 된 아이를 등원시키고, 기차를 타고 서울까지 수업하러 다녔다. 돌아올 때 항상 시간에 쫓겨 뛰어다니며 아이 하원 시간에 맞춰야 했다. 수업 후 찍은 사진을 SNS에 올리며 "아모레 본사 교육 다녀왔어요."라고 알렸다. 인스타그램 속 나는 '본사에서 초청한 보자기 강사'처럼 보였다. 진짜보다 더 진짜 같기도 했다.

주변에선 의아해했다. "기술을 그냥 알려줘도 돼?", "차비도 못 받고 왜 그렇게까지 해?"

하지만 나는 눈앞의 돈보다 더 멀리 내다보는 사업을 하고 싶었다.

"씨를 뿌리지 않으면, 열매도 기대할 수 없다."

지금 당장은 수익이 나지 않더라도, 반드시 돌아올 거라고 믿었다.

[첫 창업을 했던 허름한 5평 공방]

하루 하나의 글,
미래의 고객을 부르다

공방을 오픈하고 나니, 집에서 아모레 카운슬러로 일하던 시절과는 전혀 다른 세상이 펼쳐졌다. 당시에는 '설화수'라는 브랜드의 인지도와 '아모레퍼시픽'이라는 회사 시스템 덕분에 마케팅에 큰 노력을 들이지 않아도 자연스럽게 손님이 찾아왔다. 그러나 이제는 모든 것이 '나'로부터 시작해 '나'로 끝나야 했다. 명함 하나, 사진 한 장, 글 한 줄까지 모두 내 손으로 만들어야 했다.

보자기를 중심으로 사업 방향을 전환하기로 결심한 뒤, 오랫동안 사용해 온 '미쁘다예단'이라는 이름도 과감히 내려놓고 새롭게 '데일리보자기'라는 브랜드를 시작했다. 새로운 시작을 앞두고, 인스타그램 하나만 겨우 운영하던 내가 블로그와 유튜브까지 운영해 보겠다는 결심을 하게 된 것이다.

그러나 현실은 녹록지 않았다. 오프라인에 익숙했던 탓에 디지털 환경은 너무도 낯설었다. 독수리 타법 수준에 온라인 지식은 거의 없었다. 스마트플레이스 등록조차 검색을 통해 어렵사리 해결하고, 주변 사장님들께 물어물어 겨우 마쳤다.

"요즘은 블로그를 해야 홍보가 된다." 누군가 건넨 이 말이 깊이 박혔다. 보자기 공방이라는 특성상, 지나가다 우연히 들르는 손님은 거의 없었다. 카페나 미용실처럼 앉아 있기만 해도 손님이 들어오는 구조가 아니었기 때문이다. 결국, 나라는 사람을 먼저 알리지 않으면 아무도 찾아주지 않는다는 것을 뼈저리게 느꼈다.

컴퓨터를 전혀 다루지 못했던 과거의 '컴맹'은 컴퓨터를 사용할 일이 없다면 큰 어려움이 없었다. 하지만 세상은 달라졌다. 온라인에 익숙하지 않다면 단순한 소통조차 힘든 시대였다. 그리고 그게 바로 나였다. 서른을 갓 넘긴 나이였지만, 온라인 세상에서는 완전히 초보자였다. 공방을 연 지 1년쯤 되었을 무렵, 어렵사리 스마트스토어를 오픈하고 블로그에 올릴 글 하나를 쓰는 데 꼬박 4시간이 걸렸다. 그렇게 온 힘을 다해 써낸 글이었지만, 방문자는 아무도 없었다. 알고 보니 오래 방치된 블로그는 글을 올려도 노출이 잘되지 않는다고 했다. 결국 4시간의 고투 끝에 쓴 그 글은 오직 나 혼자 신나서 쓴 일기장에 불과했다는 사실에 허탈감이 밀려왔다.

마케팅 수업을 알아보았지만, 비용은 너무 비쌌고, 저렴한 온라인 강의는 키워드니, 로직이니 하는 내용이 마치 외계어처럼 느껴졌다. 도저히 따라갈 수 없을 것 같았다. 그러나 한 가지는 자신 있었다. 바로 '집요함' 이었다.

그 마음 하나로 며칠이고 검색하고 수소문하며 방법을 찾아다녔다. 그러다 나처럼 아무것도 모르는 사람에게 하나하나 차근히 알려줄 수 있는 블로그 선생님을 찾게 되었다. 당시 내 수중에는 단돈 20만 원뿐이었다. 마지막이라는 간절한 마음으로 꼭 좋은 분을 만나고 싶었다.

궁하면 통한다고 했던가. 마침내 은인 같은 선생님을 만나게 되었고, 전화 상담을 통해 내 블로그를 진단받았다. 그 결과는 충격적이었다. '회복 불가능한 블로그'라는 사망 선고를 받았기 때문이다. 하지만 오히려 그럴수록 간절함은 더욱 커졌다.

2021년 1월 1일. 이날은 아직도 잊히지 않는, 다시 태어나기로 결심한 날이다. 이후 나는 내 전 재산을 들여 블로그를 배우기 시작했다.

그때 배운 블로그는 내게 마지막 희망이었다. 하루에 하나씩, 매일 글을 쓰기 시작했다. 조급함은 내려놓았다. 당장 고객이 생기지 않아도 괜찮았다. 이 글들이 미래의 고객을 만들어줄 것이라 믿으며 묵묵히 포스팅을 이어갔다.

보자기 공방은 포장 수업이 주력이기에 포장법을 공개하지 않는 경우가 많다. 그러나 나는 거꾸로 생각했다. 유튜브와 블로그를 통해 간단한 포장법을 쉽고 자세하게 알려주는 콘텐츠를 만들었다. 막상 찾아보니 그러한 정보를 다루는 영상이나 글이 매우 드물었다. 내가 올린 콘텐츠는 예단을 직접 포장하고 싶은 신부들, 보자기에 관심 있는 일반인들에게 꼭 필요한 정보였다. 그렇게 콘텐츠를 하나씩 올리자 놀랍게도 한 달 만에 방문자가 급격히 늘기 시작했다. 어느 날은 내가 쓴 글이 네이버 검색 상단에 오르기도 했다.

"용기는 두려움의 반대말이 아니라, 두려움에도 불구하고 행동하는 힘이다."

그 말의 의미를 온몸으로 체감한 시간이었다.

처음에는 4시간이 걸리던 글쓰기가 이제는 1시간이면 가능해졌다. 어떤 날은 하루에 두 개의 글도 작성할 수 있게 되었다. 인스타그램만 잘하는 사람, 블로그만 잘하는 사람은 많지만, 나는 '데일리보자기'라는 이름으로 어디서든 검색될 수 있도록 만들고 싶었다.

그렇게 '성실함' 하나만 믿고, 맨땅에 헤딩하듯 익혀낸 온라인 마케팅. 컴맹이었지만 창업할 수 있었고, 이게는 자신 있게 말할 수 있다.

"누구든 충분히 해낼 수 있다."

자격증 없이 시작한
'이단아'의 용기

　단돈 35,000원을 내고 배운 원데이 클래스, 이 강의 하나만 믿고 보자기 공방을 열기로 결심했다. 당시 할 수 있는 일이라고는 원데이 클래스의 진행, 보자기 판매, 그리고 포장 서비스가 전부였다. 상호를 '데일리 보자기'로 바꾼 뒤에야 전국의 보자기 공방들을 찾아보기 시작했고, 화려한 보자기들과 대기업과의 협업, 전시회 개최, 수강생들과 함께하는 일상들이 눈에 들어왔다. 그 모습들을 보며 언젠가는 나도 그렇게 되고 싶다는 열망이 마음속 깊이 자리 잡았다.

　서울도 아닌 평택, 5평 남짓한 작은 가게에서 나의 일상이 시작됐다. 창업을 시작했던 5년 전만 해도 '보자기 공방'이라는 개념은 생소했고, 대부분의 사람에게 보자기는 명절 선물 포장이나 예단을 싸는 황금 보자기 정도로만 인식돼 있었다. 보자기 공예에 관심을 가지는 사람도 드물었으며, 업계는 평균 연령 50대 중년층 중심의 협회 조직으로 운영되고 있었다. 자격증이 있다는 사실도 처음에는 신기했지만, 알아보니 민간 자격이었고 취득에는 약 50만 원이 들었다. 이제 막 공방을 연 입장에서 자격증이 반드시 필요한 건 아니었다. 오히려 기존 공방들과 차별화된 '데일리보자기'만의 감성과 스타일로 두려가야겠다는 확신이 들었다.

협회 소속도 아니고, 자격증도 없는 상태에서 공방을 연 일은 당시로선 이례적이었다. 거래처를 이미 확보한 협회원들 사이에서 나는 철저히 외면당했고, 완전히 이방인이자 미운 오리 새끼였다. 처음에는 모두가 이상하다는 눈빛을 보냈지만, 그런 시선이 오히려 내 안의 승부욕을 일깨웠다.

'협회에서 자격증을 따야만 수업을 할 수 있다고?
그건 누가 정한 건데? 나는 이미 하고 있는데.'

이단아가 되기로 마음먹은 순간이었다. 누구에게도 배우지 않았고, 어디에도 속하지 않았지만, 오히려 그 고독한 길이 내게 뚜렷한 목표를 만들어주었다.

원래 하던 예단 포장을 온라인에 더 적극적으로 홍보하며, 보자기 수업 모집 글도 꾸준히 올렸다. 지인들이 종종 수업을 들으러 찾아왔고, 사람들은 '보자기 공예'라는 말 자체에 신기함을 느끼며 관심을 보이기 시작했다.

하지만 "예쁘다.", "특이하다."라는 반응에 비해 실제로 돈을 내고 배우는 사람은 많지 않았다. 한 달에 한두 명이면 많은 편이었다. 그래도 멈추지 않았다. 어설퍼도 괜찮았다. 어디에도 소속되지 않은 이 길 위에서 점점 더 강해졌고, 언젠가는 나만의 협회를 만들겠다는 새로운 꿈도 생겼다. "길이 없다면, 내가 만든다." 그렇게 무모한 도전은 계속되고 있었다.

무식하니 용감하다

"어떻게 그것도 모르고 예단을 포장했어요?" 첫 번째 함 포장 상담을 앞두고 전통 전문가에게 자문했다가 들은 말이었다. 내 대답은 "무식하면 용감하다고 하잖아요."라는 말과 멋쩍은 웃음뿐이었다. 그리고 그 말은 내 사업 철학이 되었다.

실상 내 결혼식에서는 예단, 예물, 함 등 어떤 절차도 없었다. 모든 것을 생략하고 소박한 결혼식을 올렸다. 당시에는 전통 절차를 허례허식으로 여겨 불필요하다고만 생각했지만, 지금 돌이켜보면 그때의 경험이 오히려 도움이 되었다. 전통 의례에 대한 선입견 없이, 새로운 시각으로 일을 시작할 수 있었기 때문이다.

예단 포장을 전문으로 하게 된 계기는 한 고객의 주문이었다. "이 화장품을 예단으로 포장해 주실 수 있나요?"라는 질문에 나는 망설임 없이 "네."라고 대답했다. 지금 생각하면 참 무모했다. 예단 포장은커녕 기본적인 보자기 포장도 제대로 알지 못한 상태였다. 그러나 그 '네'라는 한마디가 내 인생을 바꿨다.

그날부터 예단 포장을 독학하기 시작했다. 유튜브로 기본 매듭법을 배우고, 인터넷 카페에서 정보를 모았다. 처음에는 보자기 하나 묶는 것도 어려웠고, 매듭은 자꾸 풀어졌으며 모양도 예쁘지 않았다. 그러나 포기하지 않고 연습했다. 원데이 클래스에서 배운 딱 하나의 포장법으로 시작했는데, 고객의 반응은 의외로 좋았다. "이렇게 예쁘게 포장해 주는 곳이 없었어요."라는 말을 들을 때마다 자신감이 생겼고, 나만의 스타일이 조금씩 생기기 시작했다.

고객이 까다로울수록 좋았다. 새로운 포장법을 연구할 수 있었기 때문이다. 그렇게 나는 기본에 충실하면서도 트렌드를 반영한 포장법을 개발해 나갔다. 1년이 지나 나는 스스로 '예단전문가'로 여겼다. 그러나 현실은 또 다른 도전을 던져주었다.

공방을 연 지 얼마 지나지 않아 걸려온 첫 전화. "함 포장도 하세요?"라는 질문에 순간 머리가 하얘졌다. 함 포장은 예단과는 또 다른 차원의 영역이었다. 그러나 망설일 겨를도 없이 "네, 가능합니다."라는 말이 먼저 나왔다. "3시간 후에 방문하겠다."라는 고객의 말에 대책 없이 "이따가 뵙겠다."라고 말하고 전화를 끊는 순간, 등줄기에 식은땀이 흘렀다.

시간이 없었다. 곧바로 네이버 검색을 시작했다. '함이란?', '함 포장 방법', '전통 함의 의미' 등 키워드를 입력해 가며 정보를 찾았다. 메모하며 '함'의 전통적 의미를 이해하려 애썼는데, 이보다 더 급한 것은 실제 포장법이었다. 요즘은 캐리어나 고급 상자에 예물을 담아 포장한다고 했지만, 내가 찾고자 한 전통 방식의 정보는 많지 않았다.

마지막 희망은 전통공예를 하는 한복 사장님이었다. 전화를 걸어 당시의 상황을 이야기하자, 친절하게 설명해 주셨다. 함의 역사부터 현대의 변화까지 30분 넘게 귀중한 가르침을 주셨다.

특히 인상 깊었던 말은 "어떤 그릇에 담느냐가 아니라, 어떤 마음을 담느냐가 중요하다."였다. 전통 함은 구하기 어렵고 다루기도 까다로우니 캐리어를 활용하되 정성을 다하라는 조언도 주셨다. 보자기 선택과 매듭 방식, 세세한 팁들까지도 함께 알려주셨다. 전통을 고수하기보다 현대적 감각을 더해 신랑, 신부가 모두 만족할 수 있도록 하라는 말씀이었다.

시간은 빠르게 흘렀다. 유튜브를 뒤져 '함 포장 달인'이라는 영상을 수십 번 반복해 보며 연습했다. 매듭짓는 법, 리본 묶는 법까지 손에 익을 때까지 연습했다.

드디어 고객이 도착했고, 떨리는 마음으로 상담을 시작했다. 예상과 달리 상담은 순조롭게 흘러갔다. 전통공예 사장님께 배운 함의 의미를 설명하자 고객의 눈빛이 달라졌다.

"평택에 계셔주셔서 너무 감사해요. 서울까지 가야 할 줄 알았는데 다행이에요."

고객은 가격도 묻지 않고 바로 예약을 하고 돌아갔다. 이후 며칠 밤을 새워가며 연습했고, 아이가 잠든 밤마다 거실에서 포장 연습을 반복했다. 실수할까 봐 잠도 제대로 자지 못했다.

드디어 당일이 되었고, 나는 고객에게 솔직히 털어놓았다. '사실 함 포장은 처음'이라고. 놀랍게도 고객은 "처음 하시는 분치고는 정말 잘하시네요."라며 따뜻하게 웃어주었다.

전문 지식은 부족했지만, 그 누구보다 정성을 다했다. 밤새 익힌 보자기 매듭은 빛을 발했고, 리본 장식까지 완벽하게 마무리했다. 그날의 경험은 내게 큰 깨달음을 주었다.

새로운 도전 앞에서 두려워할 필요는 없다는 것. 모르면 배우면 되고, 부족하면 연습하면 된다는 단순한 진리를 체득했다.

전통공예 사장님의 말처럼 결국은 정성과 진심이 통했다. 그렇게 감사한 첫 기회를 시작으로, 지금의 나는 '함 포장 전문가'가 되어 있었다.

[보자기로 꾸민 함 포장]

맨땅에서도 성과를 내는
온라인 마케팅의 힘

바야흐로 '홍보가 곧 생존'인 시대였다. 20년 넘게 한자리를 지켜온 광안리 수산시장의 한 상인의 이야기는 이를 잘 보여준다.

똑같은 품질의 회를 같은 가격에 파는 점포들이 즐비한 수산시장에서, 요즘 손님들은 바가지를 피하기 위해 발길을 멈추는 대신 스마트폰을 들었다. 유튜브와 블로그 후기를 찾아보고, 마음에 드는 가게를 골라 곧장 그곳으로 향했다. 베테랑 상인조차 이러한 변화를 몸소 체감하곤 20년 만에 처음으로 온라인 홍보를 결심하게 되었다.

과거에는 한자리에서 2년만 버티면 단골이 생기고 입소문이 나기 시작했다. 하지만 이제는 4년 넘게 영업한 동네 가게조차 온라인에 존재감이 없으면 그림자처럼 사라지고 만다. 반면, 멀리 있더라도 블로그 후기가 좋다면 기꺼이 발걸음을 옮기는 것이 현대 소비자들의 모습이었다. 마치 등대가 배를 이끌듯, 온라인에서의 존재감이 고객을 이끄는 시대가 된 것이다.

창업의 공식도 바뀌었다. 예전에는 매장을 열고 홍보를 시작했다면, 이제는 홍보로 인지도를 쌓은 후 매장을 여는 것이 순서다. 일부 MZ 세대 창업가들은 인스타그램 팔로워 1만 명을 모은 뒤 매장을 여는 것을 권장했다. 이는 다소 과장된 이야기일 수 있으나, 온라인 마케팅 능력을 미리 갖추는 것의 중요성을 보여주는 사례다.

온라인 마케팅은 거창한 일이 아니었다. 화려한 영상 편집 기술이나 전문적인 사진 촬영 실력이 없어도 괜찮았다. 중요한 것은 '진정성 있는 스토리텔링'이었다. 최근 인기를 끌고 있는 스레드Threads처럼 텍스트 기반의 SNS가 주목받는 이유도 여기에 있었다. 사진이나 영상 없이도 진솔한 이야기만으로 공감과 지지를 얻을 수 있다.

콘텐츠 제작의 시작은 자기소개부터다. 이 일을 시작하게 된 계기, 추구하는 가치, 앞으로의 목표 등을 솔직하게 풀어내는 것이 필요했다. 처음부터 완벽할 필요는 없다. 마치 어린아이가 걸음마를 배우듯, 서툴지만 꾸준히 한 걸음씩 나아가는 것이 중요하다. 영상 편집 없이 날것 그대로의 영상을 올리더라도, 매일 한 편씩 꾸준히 업로드하면 그것이 하나의 스타일이 된다. 공예 재료를 고르는 과정, 작업하는 모습, 완성품을 포장하는 순간까지, 일상의 모든 순간이 콘텐츠가 될 수 있다.

처음에는 어색했지만, 시간이 지날수록 점점 자연스러워졌다. 매일 같은 하늘을 찍어 올리더라도, 그 꾸준함이 쌓이면 독특한 콘텐츠로 탄생했다.

초보자들이 흔히 저지르는 실수는 다른 사람의 화려한 콘텐츠와 자신을 비교하며 위축되는 것이다. 하지만 각자의 시작점은 다르고, 성장 속도도 다르다. 완벽한 출발보다는 꾸준한 실천이 더 중요하다. 실수를 두려워하지 말고, 오히려 그것을 성장의 과정으로 받아들이는 자세가 필요하다. 특히 공방과 같은 수공예 분야는 작업 과정 자체가 매력적인 콘텐츠가 될 수 있다. 재료를 고르는 안목, 정성스러운 제작 과정, 완성품의 탄생 순간까지 모든 것이 스토리가 되었고, 이는 단순한 제품 판매를 넘어 브랜드 가치를 전달하는 중요한 수단이 되었다.

어느 날, 평택에서 유명한 떡집을 운영하는 거래처 사장님께서 인스타그램 마케팅을 배우고 싶다며 찾아왔다. 연세가 있어 더욱 어렵다고 하셨기에, 나는 기술을 알려드리기보다 관점을 바꾸어 드리기로 했다. "도대체 뭘 올려야 할지 모르겠다."라는 말씀에, "매일 어떤 떡이 나왔는지를 알리는 대신, 아침에 출근해서 떡을 만드는 모습을 올려보세요."라고 조언했다. 사장님은 매우 놀라며 말씀하셨다. "매일 하는 일인데, 그걸 누가 궁금해할까요?"

완성품만 보여주는 시대는 지났다. 대중의 관심을 받아야 하는 연예인조차도 신비로움을 유지하면 금세 잊히는 시대다. 이제는 투명하게 자신을 드러내는 사람이 살아남는다. 이 떡이 어떤 쌀로 만들어졌는지, 어떻게 만들어졌는지를 보여줄 때 고객은 신뢰하고, 정성스럽게 만든 떡에 관심을 갖는다. 시각적 만족이 있어야 먹고 싶은 욕구도 생기는 것이다.

실제로 인스타그램에서 본 어느 치킨집 사장님은 매일 새 기름으로 교체하는 영상만 올렸는데, '깨끗한 기름으로 튀기는 치킨집'이라는 입소문이 나서 대박이 났다. 매일 반복되는 작업이 콘텐츠가 될까 싶지만, 그 분야에 대해 아무것도 모르는 사람이 보면 무척 신기하고 재미있는 영상이 된다. 어릴 적, 집 앞 방앗간에서, 김이 모락모락 나는 갓 만든 가래떡이 길쭉하게 뽑혀 나오는 모습을 멍하니 바라보았던 기억이 떠올랐다. 그 이야기도 떡집 사장님께 전해 드렸다. 그렇게 눈높이에 맞춰 마케팅을 설명하자 사장님은 큰 깨달음을 얻었다며, 감사의 뜻으로 맛있는 식사까지 대접해 주셨다.

SNS 마케팅은 이제 선택이 아닌 필수다. 하지만 그것에 부담을 느낄 필요는 없다. 매일 새로운 콘텐츠를 만들기 위해 애쓰기보다, 자신이 하는 일을 투명하게 보여주는 것부터 시작하면 된다. 진솔한 이야기를 전하고 꾸준히 기록하다 보면, 자연스럽게 팔로워가 생기고 공감대가 형성된다. 그리고 이는 오프라인 매장의 성공으로 이어지는 단단한 기반이 된다.

'보자기 가방'을 최초로 상업화하다

오픈 초기에는 소위 '오픈 빨' 덕분에 잠시 활기를 띠었다. 지인들이 놀러 오고, 아는 사장님들이 수업을 들으러 와 주었지만, 곧 아무도 오지 않는 공방을 지키는 일상은 외롭고 각막했다.

공간이 생기니 손님을 어떻게 유입시킬 수 있을지에 대한 고민이 깊어졌다. 매일같이 공방 근처의 가게들을 유심히 관찰하며, 이 동네에는 어떤 가게들이 있는지, 배울 만한 점이나 협업 가능성이 있는지를 살폈다. 주변에는 사업을 하는 사람도 드물었고, 유일하게 있던 보자기 선생님도 공방 운영은 하지 않으셨기에 물어볼 곳조차 없었다. 그럴 때마다 브랜딩, 마케팅, 창업 관련 책들을 읽으며 혼자 공부했다.

그러다 하나의 현실을 마주했다. '평택'이라는 도시는 아직 취미 수업에 돈을 쓰는 문화가 자리 잡지 않았다는 사실이었다. 그래서 수업보다는 실용적인 포장이 필요한 사람들을 유입하는 방향으로 전략을 바꾸었다. 블로그와 인스타그램에 꾸준히 예단 포장, 함 포장, 선물 포장에 관련된 콘텐츠를 올리자, 결혼 시즌에는 예비부부들이, 명절 시즌에는 가족 고객들이 점차 늘기 시작했다. 하지만 보자기는 어디까지나 포장의 소재일 뿐, 특별한 날 외에는 손님이 끊겼다.

보자기를 독립적인 상품으로 만들고 싶었다. '데일리보자기'라는 이름처럼, 전통이 아닌 일상 속에 자연스럽게 녹아드는 캐주얼한 아이템이 필요했다. 그러던 중 인스타그램에서 발견한 소잉 공방 사장님의 게시물 속 예쁜 면 원단이 눈에 들어왔다. 재봉틀도 다룰 줄 모르면서 그 원단이 너무 매력적이라 구매 욕구가 생겼다. 그 순간, 그 원단으로 보자기 가방 수업을 하면 20대들도 좋아할 것 같다는 아이디어가 떠올랐다.

바로 사장님께 원단을 마감해서 판매해달라고 요청했다. 예상치 못한 부탁에 당황하셨지만, 공임을 정당하게 받아달라고 말씀드렸다. 당시 면 원단으로 보자기를 제작하는 곳은 소수에 불과했다.

유튜브에서 본 보자기 가방 매듭법을 따라 해 보니, 의외로 간단하고 실용적이었다. 예쁜 원단으로 만든 보자기 가방을 인스타그램에 올렸더니 반응은 폭발적이었다. "너무 귀엽다.", "수업을 받고 싶다."라는 댓글이 이어졌는데, 전통 포장 수업 때와는 전혀 다른 반응이었다. 전통을 선호하는 사람은 소수이며, 누구나 부담 없이 사용할 수 있는 실용적인 아이템이 더 강력한 반응을 얻는다는 것을 실감했다.

초기에는 예쁘다고 생각한 원단 세 가지로 샘플을 제작했지만, 수업 요청이 늘어나면서 다양한 원단으로 확장하게 되었다. 어느 날 한 수강생이 말했다. "사장님, 이 가방 너무 유니크하고 예쁜데, 판매도 해 보세요." 수업이 아닌 판매? 망설였지만, 그 수강생은 예쁘다며 가방 세 개를 선물용으로 구매해 주었다. 그렇게 보자기 가방 판매가 시작되었다.

친하게 지내던 소품숍 사장님께 제품 입점을 문의하자 흔쾌히 허락해 주셨고, 덕분에 주말에도 제품이 홍보되고 판매되었다. 이어서 핸드메이드 전문 플랫폼 '아이디어스'에도 입점하게 되었다.

나만의 방식대로 진짜 사장이 되다

보자기 포장 수업이 아닌 보자기 가방 수업으로 학교 기관 수업 요청도 들어왔다. 보자기 가방은 날개 돋친 듯 팔려 나갔고, 주문량이 늘어나자 소잉 공방 사장님도 감당하기 어려워했다. 감사하게도 더 저렴하게 구매할 수 있도록 거래처를 직접 소개해 주셔서 동대문에서 합리적인 금액으로 원단을 구매할 수 있게 되었다. 다행히 시어머님께서 재봉틀을 능숙하게 다루셔서 보자기로 만들어주셨다. 그렇게 자연스럽게 시어머님은 '우리 팀'이 되셨다.

그때는 원단 한 롤을 재단하기 위해 온 가족이 시어머님 댁에 모여 몇 시간을 함께 작업했다. 집이 순식간에 작은 공장이 되었고, 온 가족이 함께 땀 흘렸던 그날이 아직도 생생하다. 이때의 나의 꿈은 더 잘되어서 힘들게 청소 일을 하시는 시어머님께 공장을 차려드리고 공장장의 자리에 앉혀드리는 것이었다. 즉, 가족 사업이 최종 목표였다.

그렇게 몇 달을 공임을 아껴서 이윤율을 높였지만, 시어머님 댁은 차로 한 시간 거리였기에 일주일에 하루만 작업할 수 있었고, 고객 주문이 들어오면 포장과 발송도 직접 해야 했다.

결국 공방에도 오버로크 기계를 한 대 더 들여놓고, 수강생 중 재봉틀을 다룰 줄 아는 분께 도움을 받아 원단 마감 기술을 익혔다. 생각해 보면, 아이템 개발부터 유통, 생산, 인력 운영까지 전부 혼자서 시행착오를 거치며 배웠다. 책에서 배운 내용이 현실에서 하나씩 퍼즐처럼 맞춰지며 실전으로 이어졌다. 인스타그램으로 알게 된 사장님과의 인연으로 보자기 가방 선물을 가지고 사장님이 계신 안양까지 직접 찾아가 감사 인사를 드리기도 했고, 사장님께서 동대문 원단 시장의 구매 요령도 알려주셨다. 발품을 팔며 인기 있는 원단을 직접 고르고, 판매가 잘 돼 점점 물량이 많아지자 더 저렴한 원단을 찾기 위해 원단 공장이 많은 대구까지 내려가 거래처를 확보했다.

사업을 쉽게 하려는 마음은 없었다. 맨땅에 헤딩하듯 거래처 하나하나를 뚫고, 오랜 거래 속에서 흥정도 배웠다. 누구도 가르쳐주지 않았지만, 그 과정을 통해 진짜 '사장'이 되어 갔다. 누군가에게 배웠다면, 그대로만 따라 했을지도 모른다. 하지만 누구도 하지 않았던 방식으로, 아무도 팔지 않던 아이템으로 나만의 길을 만들었다. 그것이 바로 나다운 창업 방식이었다.

[면 원단으로 만든 보자기 가방]

투자 금액보다 중요한 건 '의지'다

처음 공방을 열었을 때 투자금은 보증금을 포함해 고작 500만 원이었다. 창업 자금이라고 하기에도 민망할 정도라 사실상 무자본 창업이나 다름없었다. 남들보다 늦은 출발, 초라한 시작이었다. 매출은 비수기에는 월 150만 원, 성수기에는 300만 원 정도였다. 매일이 전쟁 같았지만, 1년쯤 지나자 조금씩 자리를 잡기 시작했다.

주위를 보면 비슷한 또래의 젊은 사장님들이 부모님의 지원으로 수천만 원씩 하는 고급 인테리어를 하고 카페나 공방을 차렸다. 솔직히 부러웠다. 누군가는 건물주 딸이었고, 누군가는 부모님이 얻어준 상가에서 사업을 시작했다.

하지만 내게는 그런 배경이 없었다. 애초에 부모님께 의지한 적도 없었다. 개인회생 중이라 대출도 불가능했고, 수천만 원의 목돈은커녕 300만 원도 없었다. 결국 남동생에게 손을 벌려 간신히 5평짜리 공방을 얻었다. 인생 대부분을 스스로 버텨 왔고, 누구보다 억척스럽게 살아왔다. 남들의 타고난 조건을 부러워하는 대신, 지금 내가 할 수 있는 일 하나라도 제대로 해내는 것이 맞다고 믿었다.

창업 지원금 지원이나 정부 혜택을 이용할 수도 있었겠지만, 조급한 성격 탓에 사업계획서를 쓸 시간조차 아깝게 느껴졌다. '차라리 그 시간에 뭐라도 하나 더 파는 게 낫지.'라고 생각했다. 물론 자본금이 있었다면 이렇게까지 고생하지 않았을 것이다. 하지만 맨손으로 일궈 낸 '데일리보자기'는 이제 내 손끝에서 무한한 가능성을 만들어 내는 브랜드가 되었다.

사업은 자본금보다 버티는 힘으로 지탱한다. 요즘은 2년만 버텨도 성공했다고 말할 정도로, 1년도 채 되지 않아 문을 닫는 가게들이 허다하다. 수강생 중에도 '돈이 없어서', '기계가 없어서', '매장이 없어서'라며 결국 아무것도 시작하지 못하는 경우가 많다. 심지어 작업할 공간이 없는 수강생들에게 "공방도 언제든지 빌려줄 테니, 수업도 해 보고 판매도 해 보라."고 말해도, 결국 이런저런 핑계를 대며 시도조차 하지 않고 끝나버리곤 한다.

지금 나의 공방은 여러 대의 기계도 갖추었고 넓은 공간도 있지만, 그 시작은 오직 '의지' 하나뿐이었다.

끝내 포기하는 사람들도 많았다. 그 모습이 안타까웠다. 무자본으로, 오직 빚으로만 시작한 나도 가능했던 일이라 더욱 마음이 쓰였다. 중요한 건 자본이 아니라 움직이는 마음이었다. 돈이 없다고 한탄하며 시간을 흘려보내기보다, 지금 당장 내가 할 수 있는 일을 찾는다면 못할 일이 없다.

자금이 없다면 무조건 사비를 들여 직접 판매하는 대신, 시간을 투자해 블로그나 스마트스토어, 위탁 판매로 시작할 수도 있다. 의지만 있다면 도와주려는 사람은 반드시 있다.

매장에 손님이 없던 시절, 멍하니 매장을 지키고 있는 시간이 아까워 주변에서 마케팅에 일가견이 있다고 소문난 사장님을 직접 찾아갔다. 필요한 일을 대신 도와드리며 배우고, 나 역시 필요한 것을 얻는 방식으로 사업을 이어 갔다.

특히 보자기는 그 자체로 딱히 내세울 용도가 없기 때문에 협업 없이 자립하기 어려운 아이템이었다. 그래서 끊임없이 함께할 사람을 찾고, 새로운 프로젝트를 기획했다.

인스타그램을 열심히 하던 중 근처 꽃집 사장님께 DM이 왔다. 오픈 후 처음으로 '사장님 고객'이 생겼다. 화분 포장을 실용적으로 알려드렸고, 그 꽃집에서는 보자기 포장을 진열해 내 물건을 홍보해 주셨다.

나는 즉시 인스타그램에 '꽃집과 콜라보를 했다'라는 게시물을 올렸고, 덕분에 양쪽의 고객들이 서로에게 흘러 들어갔다. 꽃집 사장님께서는 아버지가 직접 기른 인삼으로 인삼꽃 주를 만들어 판매하시기도 했는데, 고급 보자기로 포장해 판매했더니 공방을 찾아오는 예비 신부님들의 주문이 이어져 인삼꽃 주 역시 많이 판매할 수 있었다.

이후에는 레진 아트 공방 사장님과 함께 아이 사진을 넣은 레진 소주잔을 예쁘게 보자기로 포장해 어버이날 세트 상품을 만들었다. 각자의 인스타그램과 블로그에 게시하자, 지인들의 지인들까지 고객이 되었다.

이미 있었던 보자기 제품이었지만, 협업을 통해 전혀 새로운 형태로 탄생했고, 엄청난 시너지를 낼 수 있었다. 이로 인해 마케팅 비용 없이 홍보할 수 있었고, 진정한 '상생'이 무엇인지 체감할 수 있었다. 처음부터 내 것만 고집하지 않고, 누군가와 함께 만드는 제품을 상상하며 '데일리 보자기'는 점점 확장되어 갔다. 혼자였다면 절대 얻지 못했을 기회였다.

자본금이 없어서 포기하려는가? 그보다 더 중요한 건 '단무지 정신'이다. 단순하고 무식하게, 그리고 지속적으로 나아가는 힘이다.

> "움직이는 사람에게는 길이 생긴다.
> 핑계를 대는 사람에게는 구실만 쌓인다."

[꽃집 사장님의 인삼꽃주 보자기 콜라보]

브랜드의 운명을 결정하는
'직관적인 이름'

이름 하나가 브랜드의 운명을 바꾸기도 한다. 잘 지은 이름은 고객의 기억 속에 오래 남고, 검색창에서도 쉽게 찾아진다. 반대로 실패한 네이밍은 곧장 비용으로 돌아온다. '이름값'이란 말은 결코 과장이 아니다.

첫 창업 당시, 나는 '미쁘다(믿음직하다, 미덥다)'라는 단어가 지닌 의미가 좋아 15만 원을 들여 로고를 제작했다. 이후 오프라인 공방을 열며 '미쁘다공방'으로 이름을 바꾸었고, 다시 30만 원을 들여 로고와 명함을 새로 만들었다. 공방을 오픈하고 나서야 상호를 '이쁘다공방'으로 잘못 읽는 경우도 많고, 무엇보다 '미쁘다공방'이라는 이름만으로는 무슨 일을 하는 곳인지 알기 어렵다는 점을 깨달았다. 결국 1년간 쌓은 인지도를 포기하게 되었다. 두려움도 있었지만, 더 멀리 가기 위한 과감한 결정으로 30만 원을 더 들여 '데일리보자기'로 상호를 변경했다. 로고 하나에만 거의 100만 원을 투자한 셈이었다.

'보자기는 명절이나 예단 포장에만 쓰는 것이 아니라, 일상에서도 누구나 편하게 쓸 수 있다'라는 뚜렷한 목적의식으로 나는 '데일리보자기'라는 이름을 짓게 되었다.

듣는 순간, 무엇을 하는 곳인지 알 수 있고 기억하기 쉬운 이름. 이것이 마케팅의 핵심이었다.

그 무렵 블로그를 배우며 '검색어 키워드'의 중요성을 알게 되었다. 고객들은 공방 이름을 검색하지 않았다. 대신 '평택 보자기', '보자기 파는 곳' 같은 본인들이 필요한 키워드 중심으로 검색해 들어왔다. 그래서 브랜드명에 반드시 '보자기'가 들어가야 했다. 당시 보자기 공방의 상호는 대부분 전통적인 한글이나 순우리말 기반이었기에, 차별화를 위해 영어를 넣고자 했다. 해외에서도 한국 전통문화에 관심이 높아지고 있었기에 글로벌 감성까지 담고 싶었다.

그렇게 탄생한 '데일리보자기'는 단순한 이름이 아니라 브랜드의 방향성과 철학을 담은 결과였다. 지금까지도 이 선택이 옳았다고 믿는다.

이름은 마케팅의 시작이자 핵심이다. 네이버 플레이스, 인스타그램, 블로그 어디에서든 '무엇을 하는 곳인지 직관적으로 드러나는 이름'은 검색과 홍보 모두에서 강력한 힘을 발휘한다. 이름 짓기에서 겪은 가장 큰 시행착오는 결국 브랜드의 정체성과 방향성에 대한 고민 부족이었기 때문이다. 마치 나침반 없이 항해하는 배처럼, 이름도, 정체성도 없으면 쉽게 길을 잃는다. 지금까지 공방 컨설팅을 하며 15곳 이상의 상호를 작명했고,

그 과정에서 한 가지 원칙이 생겼다. '이름은 브랜드의 첫인사'라는 것.

광양에서 천연 아로마 제품 판매와 쿠킹 클래스를 함께하던 한 공방은 '블루밍'이라는 이름에서 '향기메이드'로 바꾸었다. 여기에 엄마와 아이가 함께 있는 캐릭터 로고를 더해 브랜드 정체성을 확립했다. 한 수강생의 화과자 공방은 토끼를 뜻하는 '묘'와 화과자의 '화'를 조합해 '묘화당'이라는 이름을 지었다. 토끼 캐릭터가 들어간 귀여운 로고까지 더해져, 전통과 현대가 절묘하게 조화를 이루었다. 양주의 한복 공방 'K갤러리'는 처음엔 미술관으로 오해받는 경우가 많았으나, 20대를 타깃으로 한 '토리한복'이라는 이름으로 바꾸면서 근처의 '토리공원'과의 연계성까지 살리게 되었다. 이천의 떡집 '신하떡고을'은 '이천쌀떡방아'로 이름을 변경했다. 지역성과 상품성을 동시에 담은 네이밍으로, 이천 쌀의 명성과 떡방아 찧는 토끼 캐릭터, 대표 상품인 무지개 송편까지 브랜드 스토리를 풍부하게 담아냈다.

내가 만난 거래처 중에서 마케팅하기 좋고 직관적으로 잘 지은 이름을 꼽자면, 평택 배로 만든 쿠키 브랜드인 '배로샌드', 천연 꿀 전문점 '꿀쟁이', 고 씨 사장님이 만드는 화과자 '고씨앙금', 평택의 마카롱 맛집 '살금마카롱' 등이 있다. 이름 하나에 감성과 정보, 마케팅 요소가 고스란히 담겨 있었다.

이름 짓기는 단 하루만의 고민으로는 완성되기 어렵다. 수없이 써 보고, 불러 보고, 검색해 보며 완성해 나가야 할 '브랜드의 얼굴'이기 때문이다. 좋은 이름의 조건은 다음과 같다.

첫째, 무엇을 하는 곳인지 직관적으로 드러나야 한다.
둘째, 기억하기 쉬워야 한다.
셋째, 브랜드의 방향성과 감성이 담겨 있어야 한다.
넷째, 짧고 임팩트 있어야 한다(네 글자 이내가 이상적이다).

이 네 가지 조건을 충족한 이름은 자연스럽게 입소문을 타고, 마케팅에서도 큰 힘을 발휘한다. 그러나 아무리 좋은 이름이라도, 법적 검토를 하지 않으면 곤란한 상황이 생길 수 있다. 반드시 특허청 'KIPRIS' 사이트를 통해 상표 등록 여부를 확인해야 한다. 이미 등록된 이름이거나, 유사 업종에서 사용 중일 경우 법적 분쟁으로 번질 수 있고, 심각한 경우에는 상호를 변경해야 하는 상황에 놓일 수도 있다.

이름은 브랜드의 첫 문장이다. 첫 문장이 약하면, 독자는 책을 덮는다.

이름이 곧 마케팅이다. 기억되고 싶다면, 친근하게 불릴 수 있는 이름부터 지어야 한다.

[기억에 오랫동안 남는 브랜드 네이밍]

PART 2

보자기 한 장도
배달해 드립니다

찾아가는 장사,
보자기 방문 판매의 시작

아무리 예쁜 보자기를 만들어놓아도, 손님이 찾지 않는 공방이 된다면 아무 의미가 없다. 이럴 땐 가만히 앉아 손님을 기다리기보다 직접 움직이는 수밖에 없다. 처음에는 기존에 하던 설화수 예단 마케팅을 강화하고자 블로그 마케팅을 배웠다. 전통 보자기 클래스를 중심으로 홍보했지만, 평택에서 '전통'을 앞세운 마케팅은 쉽지 않았다. 아무리 예쁜 보자기를 만들어도 누군가의 필요가 없다면, 그저 '예쁘네' 하고 지나치는 소품에 불과하다. 그래서 생각을 바꾸었다. 직접 필요한 사람을 찾아가는 것이다. 예전에 진행했던 꽃집 사장님과의 협업이 떠올랐다. 이때부터 답례품이나 단체 주문이 가능한 사장님들을 찾아다니기 시작했다. 적어도 평택 안에서는 "보자기 주문하려면 데일리보자기!"라는 말이 돌도록 하고 싶었다. 하지만 아무 연락 없이 매장을 찾아가 영업하는 일은 오히려 역효과를 불러올 수 있다는 점을 알고 있었다. 그래서 평택에서 이제 막 장사를 시작했거나 1인 운영을 하는, 도움이 필요한 사장님들을 타깃으로 삼았다.

보자기 포장을 직접 하진 않지만, 하면 꽤 좋을 만한 떡집, 과일 가게, 선물 가게들을 인스타그램으로 찾아 DM을 보내기 시작했다. 총 여섯 곳에 연락을 취했다. 일면식 없는 분들에게 연락하는 것이 전혀 창피하지 않았고, 거절도 두렵지 않았다. 보험 영업을 해 본 경험 덕분에 먼저 다가가는 일은 익숙했고, 거절도 당연한 일이라 여겼다.

내용은 단순했다. "보자기를 저렴하게 공급해 드리고, 포장 방법도 알려드리겠습니다. 매장을 비우기 어려우시면, 한가한 시간에 직접 찾아뵙겠습니다." 놀랍게도 여섯 곳 모두 긍정적인 답변을 주었다.

"포장하고 싶은데 예쁘게 안 돼서 스트레스였어요. 알려주신다니 감사해요."

"보자기 110 사이즈 단가가 어떻게 되나요?"

"언제 한번 배워보고 싶었는데 연락해 주셔서 고마워요."

그때 느꼈다. 움직이면 반드시 반응이 온다는 것을. 하루에 두세 곳씩 샘플 보자기와 샘플 북을 가득 챙겨 들고, 사장님들을 찾아다니기 시작했다. 과거 화장품을 들고 다니며 방문 판매하던 모습이 떠올랐다. 이제는 '보자기 방문 판매'가 시작된 셈이다.

약속을 잡고 매장으로 미팅을 가면 반드시 그 매장의 제품을 한두 개는 꼭 구매하고 나왔다. 이때부터 생긴 나만의 장사 철학이 있다.

'내 손을 잡아준 사장님들을 잘되게 해 드리는 게 내 일이다.'

나를 흔쾌히 맞아주신 분들에 대한 고마움에 가능한 최선을 다해 홍보해 드렸다. 매장 간판부터 내가 구매한 제품, 포장 수업 사진까지 정성껏 촬영하고 블로그와 인스타그램에 리뷰를 올렸다. 진심을 담은 '내돈내산' 콘텐츠였다.

포장 수업은 재료비만 받고 단돈 3만 원에 진행했다. 수업이 끝난 후 보자기를 단 몇 장만 주문해도 직접 배달해 드렸다.

"보자기 한 장도 배달해 드립니다. 평생 포장 A/S도 해 드릴게요."

주유비가 더 들고, 제품도 구매해야 했지만, 계산기를 두드리며 손익을 따지지 않았다. 사장님의 매출이 오르기를 바랐고, 그 진심은 반드시 통한다고 믿었다. 때로는 떡이나 과일을 챙겨주시며 감사 인사를 건네는 분들도 있었다. 사장님들은 너무 적은 수의 보자기를 주문했다며 미안해하셨지만, 나에겐 그 만남 자체가 행운이었다. 처음에는 한두 장이었던 주문이 10장, 20장, 때로는 50장까지 늘어났다. 보자기 포장을 블로그와 인스타그램에 소개하자, 돌 답례품 100개 단체 주문이 들어오고, 명절 시즌에는 너무 바빠 재주문이 이어졌다. 포장 작업이 몰릴 때면 직접 도와드리기도 했다. 예쁘게 포장하는 방법보다, 현장에서 가장 간편하게 포장하는 법을 알려드렸고, 단가가 낮으면서도 예쁜 보자기를 함께 고민하며 사장님들의 피드백을 빠르게 반영해 '해결사'처럼 움직였다. 그렇게 진심과 실용이 담긴 노하우가 쌓이기 시작했다.

> "움직이지 않으면 아무 일도 일어나지 않는다.
> 찾아가고, 도와주고, 진심을 나누다 보면
> 언젠가는 반드시 돌아온다."

[거래처용 보자기]

이윤이 아닌
'사람'을 모으는 사업

장사는 생각보다 빠르게 굴러가기 시작했다. 직접 발로 뛰며 사장님들을 찾아다니자 보자기가 제법 팔렸다. '3개월 정도 열심히 영업해 보자'라는 마음으로 시작했는데, 한 달도 채 지나지 않아 너무 바빠져 배달조차 어려운 지경이 되었다. 입소문이 퍼지면서 서울에서 보자기 포장을 배우러 오는 고객도 생겼다. 두 달 남짓한 시간 동안 약 20곳의 매장을 직접 방문해 상담하고 수업을 진행하면서 훨씬 더 많은 것을 배울 수 있었다. 현장에서 마주한 질문과 고민이 고스란히 노하우가 되었다.

'데일리보자기'에서는 기존의 보자기 공방들과는 달리 일반인이 아닌 사업자를 대상으로 한 수업, 즉 '사장님 맞춤 보자기 컨설팅'이라는 프로그램을 운영했다. 이 콘텐츠는 평택을 넘어 먼 지역에서도 일부러 찾아올 만큼 반응이 좋았다. 명절 시즌처럼 바쁠 때는 보자기가 동나서 판매하지 못 하는 일도 생겼다. 거래처에 문의하니, 같은 색상과 크기로

1,000장을 한 번에 구매하면 장당 200원가량 더 저렴하게 공급받을 수 있다는 답을 들었다. 기존에는 한 장당 200원 정도의 이윤을 붙여 팔았는데, 이 조건이라면 이윤이 400원으로 늘어나는 셈이었다. 망설임 없이 1,000장을 주문했다. 공방을 시작한 지 1년 만에 처음 해 보는 대량 발주였다.

거래처 사장님도 대량 주문에 놀라 "도대체 어떻게 영업을 하시는 거예요?"라며 물었다. 1,000장을 주문하며 이렇게 생각했다. '100장씩 사 줄 사장님 10명만 찾으면 되잖아.' 늘 그랬듯이 단순하게 직진하는 방식이었다.

한 가지 색상으로 100장을 구매해야 했기에 잘 팔릴 만한 색을 신중히 골랐다. 그리고 가장 든든한 지지자, 늘 힘이 되어주는 꽃집 사장님께 가장 먼저 연락을 드렸다.

"혹시 보자기를 함께 공동 구매하실 수 있을까요? 원가 그대로 드릴게요."

"태경 씨가 하라는 대로 할게요. 썩는 것도 아닌데 두고두고 쓰면 되지 뭐."

아무 조건 없이 응원해 주시는 그 말에 울컥했다. 늘 믿고 지지해 주는 분이 있다는 것은 살아가는 데 큰 힘이 된다. 그 말 한마디에 1,000장 발주가 전혀 두렵지 않았다. 이제 일을 벌였으니 더 열심히 팔기만 하면 되었다. 사업을 배워본 적은 없었지만, 방법은 단순했다. 도매가와 소비자가를 나누고, 사장님들에게는 거의 남는 것 없이 공급했다. 일반 소비자에게는 소량으로 판매하며 이윤을 더 붙였다. 대부분의 사업이 제품을 먼저 만든 뒤 판매할 사람을 찾는 방식이라면, '데일리보자기'는 그 반대였다. 먼저 구매할 사람을 찾고, 그에 맞춰 보자기를 준비했다.

마치 공동구매처럼 함께 구매할 사장님들을 모았고, 공동구매에 참여하지 않은 고객에게는 더 이윤을 붙여 판매했다. 장당 100원 정도 남기는 판매였지만, 단가가 낮아 고객은 점점 늘어났다. 보자기 공방을 운영하던 친한 사장님은 걱정스러운 얼굴로 말했다. "그렇게 팔면 손해 아니에요?"

맞는 말이었다. 그러나 나는 달리 생각했다. 하루이틀 장사하고 그만둘 것이 아니라 사람을 남기는 사업을 하고 싶었다. 그래서 당장의 이윤보다는 사업을 키우고, 주요 고객인 사장님들에게 꼭 필요한 공간이 되고 싶었다. 서울까지 자재를 사러 갈 시간이 없는 평택 사장님들에게는 '데일리보자기'가 가까운 물류 창고가 되어주면 된다고 믿었다. 필요한 포장 부자재와 보자기들을 언제든 구매할 수 있고, 직접 눈으로 보고 고를 수 있다는 점이 고객들에게는 큰 신뢰와 만족을 주는 요소였다. 온라인에서 저렴한 제품들과 경쟁하려면 내 방식대로, 현장 밀착형 장사를 해야 했다.

보자기는 대량으로 살수록 단가가 낮아진다. 그래서 보자기를 많이 쓰는 사장님들을 더 많이 모으기로 결심했다. 한 장 한 장 배달을 다니며 늘려온 거래처가 점차 쌓였고, 이제는 전국에서 택배로 주문하는 고객들도 생겨났다. 상품이 아니라 '사람'을 먼저 모았다. 그 사람이 나를 믿고 따라올 수 있게 더 열심히 준비했다.

"기회는 준비된 사람의 것이다.
하지만 준비는 스스로 만드는 것이다."

이윤 계산,
그런 거 몰라도 됩니다

"사장님, 이렇게 해 주셔도 남으세요?"

"이제 그만 주세요. 너무 퍼주시는 거 아니에요?"

공방 문을 열고 마주하는 첫마디가 종종 이렇게 걱정 반, 감사 반이다.

장사를 처음 시작하면 가장 먼저 신경 쓰게 되는 건 바로 이익이다. 얼마를 남겨야 하나, 손해는 보지 않을까, 이윤은 어떻게 계산해야 하지? 하지만 이 질문에 집착하면 정작 장사의 본질을 놓치게 된다.

보자기 사업을 시작했을 때, 내 손엔 늘 계산기가 들려 있었다. 원가에서 얼마를 남길지, 배송비는 어디까지 감당할지, 하나하나 따져가며 이익을 계산했다. 하지만 곧 깨달았다. 손익계산서만 들여다봐선 고객의 마음을 얻을 수 없다는 사실을.

핸드메이드 제품을 판매하는 창업 1년 차라면, 솔직히 말해 이윤 계산보다 더 중요한 것이 있다. 바로 손님의 마음이다. 장사를 오래 이어가는 사람과 금세 접는 사람의 차이는 계산기보다 '마음'에 있다. 어떤 사장님은 직원들의 한 끼 식사도 아끼며 기계 부속품 다루듯 하고, 고객에게는 100원조차 손해를 보려 하지 않는다. 그런 장사는 오래가지 못한다. 손님은 얼마나 손해를 봤는지보다, 얼마나 '대접받았는지'를 기억한다.

지금까지 수많은 사장님을 만났다. 거래처로 인연을 맺은 분 중 많은 이가 2년을 채 넘기지 못했다. 반면, 진심으로 고객을 대하고 자기 일에 애정을 가진 분들은 보자기 주문량이 두 배 이상 늘며 자리를 잡았다. 그 차이는 결국 '장사를 대하는 태도'에 있었다.

내 방식이 정답이라고 할 순 없지만, 이윤을 1,000원, 2,000원까지 세세히 따지며 정 없는 장사꾼이 되지 않겠다는 원칙은 분명했다. 사람 냄새 나는 장사. 이 정도는 해 줘도 되겠다는 선에서 진심을 담으면, 그 진심은 언젠가 돌아온다.

샘플비를 받지 않고 보내드린 고객이 3년째 단골이 되어 대량 주문까지 해 주신 적도 있다. 이름도 처음 듣는 대기업에서 대량 주문 문의가 왔을 때, 손에 땀이 날 만큼 떨렸지만, 여느 고객과 다름없이 실물부터 보여드렸다. 실물을 직접 보고 결정하는 경우가 많아 택배비나 샘플비도 따로 받지 않는다. 분명 손해처럼 보일 수 있다. 하지만 그 작은 호의가 기회를 낳고, 인연을 만든다.

물론 실수도 있었다. 오직 하나의 거래처만 믿고 잘 쓰지도 않는 원단을 대량 구매했다가 주문이 들어오지 않아 그대로 묵힌 적도 있다. 기대한 일이 허망하게 끝나기도 했지만, 아무 기대 없이 보낸 샘플이 예상치 못한 큰 거래로 이어진 경우도 있었다. 머리로만 따져선 모르는 일이다. 부딪히고, 실패하고, 몸으로 겪어야 한다.

사업은 하루의 손익이 아닌, 시간을 두고 쌓은 신뢰와 관계로 결산된다. 손해 보는 날도 있고, 뜻밖의 이익이 생기는 날도 있다. 중요한 건 '계속한다'는 것이다. 제품을 개발할 때도 완벽한 이윤을 계산한 뒤 출시하기보다는, 먼저 시장보다 저렴하게 내놓고 피드백을 받아가며 개선했다. 실력이 붙고 퀄리티가 올라가면, 그때 가격을 조정하면 된다. 덕분에 실력도 빨리 늘었고, 이윤도 자연스럽게 높아졌다.

장사는 수학이 아니다. 감정이 오가고, 마음이 남는 일이다. 그래서 이익보다 중요한 건 '믿음'이고, 계산보다 우선인 건 '신뢰'다.

그래서 나는 언제나 '사람을 남기는 장사'를 선택했다.

프랑스 철학자 몽테뉴는 말했다.

"이익은 정직함을 타고 온다."

[다양한 업체의 보자기 샘플 제작]

보자기를 사면 홍보는 덤입니다

"사장님 인스타그램 보고 과일바구니 주문했어요."
"사장님 소개로 주문이 들어왔어요. 감사합니다."

이런 말을 들을 때마다 마음이 두근거린다. 제품을 팔았을 뿐인데, 마치 누군가의 삶에 좋은 연결고리가 된 것 같은 기분이다. 그렇게 보자기를 판매하면서 자연스럽게 홍보까지 곁들여지는 하루하루가 쌓여 갔다.

원래부터 사람 만나는 걸 좋아했고, 주도적으로 움직이는 성격이다 보니, 가만히 매장에 앉아 손님을 기다리는 건 참을 수 없었다. '기다리지 말고 찾아 나서자'라는 생각에 주 고객층을 사장님들로 정하고 직접 영업에 나섰다. 보험이나 화장품을 팔던 시절처럼 을의 입장이 아닌, 사장님들의 제품이 더 빛날 수 있도록 돕는 조력자의 마음으로 다가가니, 영업이라기보다는 응원에 가까웠다.

그래서 '어떻게 하면 보자기를 예쁘게 만들까'보다는 '어떤 보자기가 이 사장님의 제품에 가장 잘 어울릴까'라는 고민이 더 많아졌다. 자연스럽게 사장님의 제품이 더 잘 팔릴 수 있도록 보자기를 제안했고, 그 과정에서 다양한 이야기들을 가까이에서 들을 수 있었다. 특히 마케팅에 어려움을 겪는 사장님들이 많았다.

'혹시 내가 도움이 될 수 있을까?'

그 마음 하나로, 나를 믿고 보자기를 구매해 준 사장님들에게 작게나마 도움이 되고 싶었다. 그렇게 시작한 일이 바로, 보자기를 구매한 사장님의 제품을 대신 홍보해 주는 것이었다.

평택 지역의 과일 가게, 떡집, 디저트 가게, 카페 등 다양한 매장을 블로그와 인스타그램에 소개하며, 보자기 포장 사례와 함께 제품을 정성껏 알렸다. 반응은 생각보다 뜨거웠다.

"이런 가게가 있는 줄 몰랐어요."
"보자기 사러 들어왔다가 가게 정보까지 알게 됐어요."

나를 통해 누군가가 알려지고, 그것이 매출로 이어지는 모습을 볼 때마다 이루 말할 수 없는 보람을 느꼈다. 덕분에 사장님들도 '데일리보자기'를 주변에 기꺼이 소개해 주셨고, 새로운 고객을 이어주셨다.

시간이 흐를수록 분명해진 사실이 있다.

'제품을 잘 만드는 것만큼, 잘 알리는 것도 중요하다는 것'

아무리 좋은 제품이라도 알려지지 않으면 팔리지 않는다. 그 무렵부터 '나는 평택의 마당발이다'라는 자부심이 생겼다. 고객들은 "이번엔 어떤 선물을 하면 좋을까요?"라며 '데일리보자기'를 먼저 찾았고, 보자기와 어울릴 만한 선물까지 함께 고르고 갔다.

어느 날, 아산에서 한 고객님이 찾아왔다. 도라지정과를 직접 만들어 지인들에게 선물하고 싶다며 보자기 포장을 원하셨다. 일반 고객치고는 많은 수량을 구매하셔서 도매가로 드렸고, 이후 간골이 되셨다. 명절 때마다 찾아오셨고, 어느 날은 본인의 매장을 오픈했다는 소식을 전해 주셨다. 그 덕에 보자기 주문량도 늘었고, 대량 주문도 이어졌다.

감사한 마음에 공방 오픈 축하를 위해 직접 아산까지 1시간 거리를 달려가 매장을 방문했다. 도라지정과도 구매하고, 따뜻한 차를 마시며 블로그에 정성껏 후기를 남겼다. 나의 포스팅을 보고 찾아온 손님도 있었다며 기뻐하셨고, 온라인 마케팅에도 관심을 보이셨다.

"온라인 판매를 하고 싶은데, 잘 모르겠어요."

그 말에 지금껏 부딪히며 익힌 마케팅 노하우를 정리해 알려드렸다. 블로그, 인스타그램 세팅부터 로고 제작, '아이디어스'와 스마트스토어 입점까지 도와드렸다. 얼마 지나지 않아 '아이디어스'에서 첫 주문이 들어왔다며 설레는 마음을 전해 오셨고, 나는 마치 내 일처럼 기뻤다.

물론 그분이 만드신 도라지정과가 그만큼 맛있었기에 가능했던 일이다. 그 정성과 진심을 직접 보고, 듣고, 맛본 뒤 나 역시 도라지정과의 팬이 되어버렸다. 20세트를 주문해 직접 포장하고 판매했으며, 부족한 수량을 채우러 아산까지 다시 달려가기도 했다.

입금하려고 계좌번호를 여쭙자 돌아온 말은 이랬다.

"그냥 달아두세요. 보자기로 가져갈게요."

"오, 좋은 방법이네요." 절로 웃음이 났다.

진심은 늘 마음을 움직인다. 서로 믿고 응원하며 만들어진 이 시스템은 '회원권'처럼 보자기를 차감하는 방식으로 정착됐다. 이런 방식은 '데일리보자기'이기에 가능한 일이 아닐까 싶다.

고객에서 수강생으로, 수강생에서 사업 파트너로 만나 2년이 지난 지금, 그 사장님의 매장은 더 넓은 곳으로 확장했다.

우리는 여전히 각자의 자리에서 응원하고, 지지하며, 함께 성장하고 있다.

유튜브에서 본 ㈜식음연구소의 노희경 대표의 말이 문득 떠오른다.

"서로의 이용 가치가 있을 때 만나는 것이다. 이용한다는 게 꼭 나쁜 말은 아니다. 윈윈할 수 있는 사이가 되는 것."

서로가 서로에게 기회가 되는 장사는 오래가는 법이다.

['화란공방'의 도라지정과 판매]

PART 2 보자기 한 장도 배달해 드립니다

사람을 좋아했을 뿐인데,
평택의 골목이 달라졌다

친구들은 종종 "보자기계의 김호영이네."라며 나를 '마당발'이라 놀린다. 생각해 보면 전혀 틀린 말은 아니다. 누군가 '김태경'이라는 사람을 한마디로 표현해 달라고 한다면, 아마 이렇게 말하지 않을까.

'사람을 연결하는 사람'

사실 어린 시절에는 소심하고 말수가 적었다. 낯선 사람 앞에서는 목소리조차 작아지던 아이였지만, 스무 살 이후 백화점 판매직, 화장품 영업, 보험 설계사를 거치며 성격이 완전히 바뀌었다. 고객의 이야기를 듣고 그 마음을 얻기 위해 애쓰는 과정에서 배운 것은 단순한 판매 기술이 아니라, '진심이 통하면 마음도 움직인다'라는 확신이었다.

이런 경험 덕분에 사람을 좋아하는 성격은 '모든 인연을 소중히 여기자'라는 삶의 철학으로 굳어졌다. 의정부에서 자랐지만, 결혼 후 평택으로 이사했을 때, 낯선 도시에서의 삶이 두렵지 않았던 것도 그 때문이었다. 1년이 채 지나지 않아 평택에서 10년을 산 남편보다 더 많은 사람을 알게 되었다.

공방을 연 직후 찾아온 작은 기회 하나가 인생의 방향을 바꿔 놓았다. 동갑내기 사장님과 함께 '조개터(경기도 평택 합정동의 본래 이름. 소사천과 백랑천이 가까이 흘러 바닷물이 드나들 때는 말조개, 부전조개(재첩)를 잡았다고 해서 유래됨) 구석구석, 작은 가게들'이라는 작지만 뜻깊은 프로젝트를 진행했다. 코로나 팬데믹으로 침체된 지역 골목상권을 되살리고 싶다는 마음에서 출발했다.

"평택에도 망리단길 같은 명소가 생기면 얼마나 좋을까?" 소품 숍 '서랍장맨위칸'을 운영하던 사장님의 아이디어에 심장이 뛰었다. '이 프로젝트로 동네를 변화시킬 수 있지 않을까?' 하는 기대감이 생겼다.

기획과 디자인은 사장님이 맡았고, 발로 뛰며 사람을 만나고 마케팅하는 일은 내가 맡았다. 무더운 여름날, 사장님이 망리단길의 공방 소개 지도에서 착안해 만든 조개터 지도를 들고 가게마다 찾아다녔다. 처음에는 "요즘 누가 종이 지도를 봐요?", "혹시 신천지 아니에요?" 같은 의심 섞인 반응도 있었다.

하지만 진심 어린 설명이 거듭될수록 사장님들의 표정도 달라졌다. "고생 많으세요.", "음료수라도 시원하게 드시고 가셔요." 같은 따뜻한 말이 오갔고, 점차 응원의 분위기가 형성되었다. 지도 제작비를 받고 블로그와 인스타그램에 각 매장의 이야기를 정성껏 소개했다. 며칠 뒤, "이 지도 보고 찾아왔어요!"라는 손님이 나타났고, 그 순간의 보람은 그간의 피로를 말끔히 씻어 주었다.

옆집 가게 이름도 몰랐던 사장님들이 서로 인사를 나누고, 손님도 공유하기 시작했다. 작은 종이 한 장이 동네를 따뜻하게 만들었고, 그 연결은 조개터 상인회와의 협업과 지역 행사 참여로 점차 확장되었다. 그렇게 동네가 조금씩 활기를 띠기 시작했고, 나 역시 평택에서 점차 이름을 알리게 되었다.

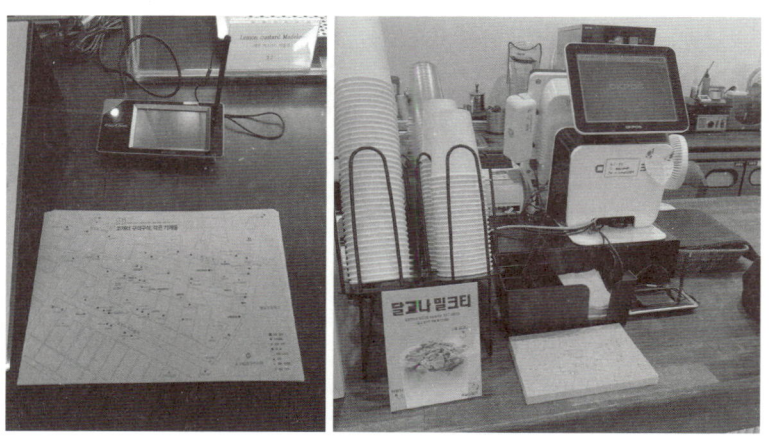

[조개터 지도를 카페에 비치한 모습]

누구나 무언가를 사고판다

인생은 끊임없는 영업의 연속이다. 취업 면접에서 자신의 매력을 드러내는 것도, 의사가 병원을 개원해 환자를 맞이하는 것도, 작은 공방을 운영하는 일도 결국은 영업이다. 하지만 '영업'이라는 단어는 보험, 정수기, 화장품과 같은 키워드와 함께 등장할 때 불편하게 다가오는 경우가 많다. 칼이라는 물건이 주방에서 어머니가 쓰면 맛있는 음식을 만드는 조리도구가 되고, 강도가 들면 흉기가 되듯, 영업 또한 어떻게 활용하느냐에 따라 가치가 달라진다.

성공적인 영업은 관점의 전환에서 시작된다. '이것을 어떻게 팔까'라는 질문보다 '어떻게 도움이 될 수 있을까'를 먼저 떠올리는 순간, 전혀 다른 길이 열리기 시작한다. 고객을 단순한 구매자가 아닌, 함께 성장할 수 있는 동반자로 바라보는 시선이 중요하다.

어린 시절 친구들과 함께했던 마니또 게임을 떠올려보자. 상대방 모르게 작은 선물을 준비할 때 우리는 친구의 취향을 가장 먼저 고려한다. 그렇게 상대를 오래도록 생각하고, 고민한 끝에 친구가 가장 좋아할 만한 선물을 주거나 친구의 고민을 해결해 주기 위해 조용히 도움의 손길을 건넨다. 그때 그 설렘과 기쁨은 어른이 된 뒤에도 잊히지 않는다.

영업도 마찬가지다. 고객 한 명 한 명을 소중한 마니또처럼 생각하고, 그들의 필요와 고민을 진심으로 이해하고자 노력하는 과정에서 자연스럽게 신뢰가 쌓인다.

하루 24시간, 잠자는 시간을 제외한 모든 순간이 기회다. 스쳐 지나가는 인연 하나도 소중한 잠재 고객일 수 있다는 마음가짐으로 하루를 시작하면, 일상의 모든 만남이 특별해진다. 이는 무작정 판매하려는 태도와는 다르다. 진정한 관계 형성을 위한 첫걸음이다. 인연을 소중히 여기는 마음은 상대방에 대한 호기심으로 이어졌고, 대화 속에서 상대의 고민을 발견하고 취향을 파악하며 필요한 것을 찾아내는 일이 즐거웠다.

인맥 부자로 소문난 연예인 김호영 씨가 5천 명의 지인과 진정성 있는 관계를 유지하는 것처럼, 나 역시 많은 인연을 이어가고 열심히 챙겼다. 하지만 그 일은 전혀 부담스럽지 않았다. 직접적인 도움을 주지 못하더라도 주변 인맥을 통해 연결해 주는 일 자체가 즐거웠다. '상대방에게 의미 있는 존재가 되고 싶다'는 마음이 있었던 것이다. 그래서 때로는 본업보다 남의 일에 더 바빴던 날도 많았다. 하지만 이러한 진심 어린 관계는 자연스럽게 비즈니스로 이어졌고, 고객이면서 친구이고, 지인이면서 협력자가 되는 특별한 관계로 발전했다.

작은 인연이 큰 기회로 바뀐 순간들도 있었다. 속눈썹 펌을 받으러 간 뷰티숍에서 우연히 블로그 운영에 대해 조언한 것이 인연이 되어, 사장님의 남편이 운영하는 정육점과 협업하게 되었다. 진심을 담아 작성한 블로그 포스팅이 검색 상위에 노출되면서 추석 대목에 큰 성과로 이어졌고, 이후 보자기를 공급하는 거래처로 발전했다.

'오른손이 한 일을 왼손도 알게 하라'는 마음으로, 뭔가 구매할 일이 생기면 인스타그램을 운영하는 사장님의 제품을 우선 찾아보고, 정성껏 스토리나 리뷰를 남겼다.

내가 바라는 것을 먼저 실천하자, 자연스럽게 상대방도 내 계정을 찾아오고 보자기 사업을 알게 되어 서로 고객이 되는 일이 많았다. 당장의 매출보다 중요한 것은 관계였다. 언제 어떤 기회가 찾아올지 알 수 없기에, 모든 만남에 진심을 담았다. 예상치 못한 순간에 연락이 와서 큰 거래로 이어진 일도 수차례 있었다.

특히 기억에 남는 인연은 어느 카페 사장님과의 관계다. 단순한 손님으로 시작했지만, 꾸준한 관계 유지 끝에 그 매장은 보자기를 시그니처 포장재로 사용하게 되었다.

보물 같은 '찐' 고객 하나가 사업의 흐름을 바꿔 놓기도 한다. 그 찐 고객은 내가 될 수도 있고, 거래처 사장님이 될 수도 있다. 이런 소중한 인연은 특별한 능력이 없어도 만들 수 있다. 그저 매 순간 사람을 진심으로 대하다 보면 자연스럽게 찾아오는 선물 같은 것이다.

판매에 대한 부담감을 내려놓고, 모든 만남을 소중히 대하다 보면 예상치 못한 귀인이 나타나기도 한다. 인맥은 눈에 보이지 않는 자산이다. 직접적인 도움을 주지 못하더라도, 서로의 네트워크를 통해 문제를 해결할 수 있는 경우도 많다. 고민이 있다면 혼자 끌어안고 있기보다, 주변에

털어놓아 보자. 뜻밖의 해결책이 기다리고 있을지도 모른다.

지금은 사업의 규모가 커졌지만, 나는 여전히 초심을 잃지 않으려 한다. 평택 지역의 초기 거래처에는 여전히 직접 배달을 고집한다. 얼굴을 마주하고 나누는 대화 속에서 시장의 흐름을 읽고, 새로운 아이디어를 얻기 때문이다. 이런 만남이 없었다면 지금의 성장도 없었을 것이다. 진정성 있는 영업은 시간과 노력이 많이 들지만, 그만큼의 가치가 있다. 단순히 물건을 판매하는 수준을 넘어, 고객의 성공이 곧 나의 성공이 되는 선순환을 만들어주기 때문이다.

이렇게 쌓은 신뢰는 그 어떤 화려한 마케팅 전략보다 강력한 무기가 된다.

[정육점 거래처 납품 보자기]

거래처와 오래가는 비결,
서로의 VIP 고객 되기

거래처와 오랜 관계를 유지하는 비결을 묻는다면, 나는 주저 없이 '서로의 VIP 고객이 되는 것'이라고 말할 것이다. 다양한 방식으로 맺어진 인연들이지만, 그 중심에는 언제나 '상생'과 '진심 어린 협업'이라는 공통점이 있었다.

보자기 공방을 처음 열었을 때 만난 '이쁘담(평택의 유명 떡집)'은 지역에서 모르는 사람이 없을 정도로 잘 알려진 곳이었다. 나는 설레는 마음으로 샘플 보자기를 들고 직접 찾아갔고, 사장님은 마치 오랜 친구처럼 따뜻하게 맞아주셨다. 그렇게 시작된 인연은 서로의 사업을 응원하며 자연스럽게 깊어졌다. '이쁘담'의 떡을 맛본 순간, 나는 자발적으로 홍보대사가 되어 주변에 널리 알렸고, '이쁘담' 역시 결혼을 준비하는 고객들을 나에게 소개해 주었다. 보자기 가격이 오르고 난 뒤에도 사장님은 거래를 이어갔고, 나는 보자기를 보관하는 창고 역할까지 자처하며 서로에게 특별한 VIP 고객이 되어 4년 넘게 인연을 이어가고 있다.

'꿀쟁이(천연 꿀 답례품 브랜드)'와의 인연은 온라인에서 답례품을 찾던 중 시작되었다. 단순한 소비자로 상품을 구매해 보자기로 포장한 후기를 올렸는데, 그 작은 포스팅이 뜻밖의 협업으로 이어졌다. '꿀쟁이'는 나의 첫 대량 주문 고객이 되어 주었고, 나는 서툰 가운데서도 최선을 다해 첫 실크스크린 보자기를 제작했다. 서로가 진심으로 홍보를 이어간 덕분에 '꿀쟁이'는 돌 답례품 시장에서 인기를 얻었고, 나는 보자기 제작에 대한 자신감을 얻었다. 그렇게 우리는 서로의 VIP 고객으로 성장하며 함께 성공을 이뤄냈다.

우연히 지하철역에서 마주한 '배로샌드(평택의 지역특산물 배로 만든 수제 쿠키)'의 귀여운 캐릭터도 특별한 인연의 시작이었다. SNS에 올린 리뷰가 계기가 되어 사장님과 협업하게 되었고, '배로샌드'는 평택의 새로운 명물로 자리 잡는 데 성공했다. 우리는 서로의 고객에게 적극적으로 홍보했고, 단지 저렴한 거래처를 찾기보다는 지역과 협력의 가치를 소중히 여기며 신뢰를 바탕으로 협업을 지속해 오고 있다.

'살금마카롱(평택의 유명 수제 마카롱 전문점)'과 '오름당(평택의 유명 화과자 브랜드)'과의 인연도 비슷한 방식으로 이어졌다. 인스타그램을 통해 먼저 제안한 협업은 서로의 브랜드에 색다른 매력을 더해 주었고, 고객들 또한 보자기 포장을 단순한 포장이 아닌 특별한 경험으로 기억하게 되었다. 동갑내기인 '오름당' 사장님과는 친구처럼 지내며 사업 고민을 함께 나누는 동반자가 되었고, '살금마카롱'과는 서로를 상징하는 보자기 포장으로 사업에 대한 애정과 자부심을 키워갔다.

'도갓집(전남 영암 지역의 전통 막걸리 제조 업체)'과의 인연은 거리의 한계를 뛰어넘었다. 코로나 19 시기에 온라인 줌 수업을 통해 처음 만났지만, 대표님은 꾸준한 소통과 신뢰로 장거리의 한계를 극복하며 '데일리보자기'의 성장을 진심으로 응원해 주었다. 보자기에서 시작된 관계는 굿즈 제작으로까지 이어졌고, 서로에게 더 큰 성공의 기회를 안겨주었다.

이처럼 다양한 거래처와의 협업을 통해 얻은 가장 큰 배움은, 단순히 상품을 사고파는 관계가 아니라 서로의 성장을 진심으로 응원하는 VIP 고객으로서의 자세였다.

'데일리보자기'는 단순한 보자기 판매처가 아닌, 사람과 사람이 만나 마음을 나누는 따뜻한 브랜드로 계속해서 성장해 가고 있다.

[살금마카롱 /배로샌드/도갓집/오름당/꿀쟁이/이쁘담]

제안서 없이
기관, 기업에 출강하는 법

처음 공방을 열고 SNS를 통해 다른 공방 대표들이 학교나 기업에 출강하는 모습을 보며 막연한 부러움을 느꼈다. 그들에게는 어떤 비결이 있을까 궁금했지만, 주변에 조언을 구할 사람도 없었고 자격증도 없었기에 출강은 나와는 먼 이야기처럼 느껴졌다.

그러던 어느 날, 뜻밖의 기회가 찾아왔다. 우연히 알게 된 고등학교 선생님께서 "학생들에게 보자기 가방 수업을 해 줄 수 있나요?"라고 요청하신 것이다. 거리도 멀었고 강사료도 많지 않았지만, 나에게는 학교에서 수업한다는 것 자체가 큰 설렘이었다. 나는 주저 없이 그 기회를 잡았다.

첫 수업은 성공적이었다. 고등학생 20명을 대상으로 보자기 가방 수업을 진행하면서 강의 계획서와 견적서 작성법, 강사료 책정 방법까지 실무적인 경험을 쌓을 수 있었다. 무엇보다 중요한 점은 이 기회를 단 한 번의 경험으로 끝내지 않았다는 데에 있다.

수업 현장을 사진으로 꼼꼼히 기록하고 이를 블로그와 SNS에 적극적으로 공유했다. 이렇게 꾸준히 올린 결과물이 나의 이력이 되어 주었고, 얼마 지나지 않아 블로그를 보고 출강 요청이 들어오기 시작했다. 특히 학교나 기관에서 외부 강사를 섭외할 때는 인스타그램보다는 블로그나 지역 기반으로 검색하는 경우가 많기 때문에, 블로그 마케팅은 반드시 해야 한다.

인지도가 부족했던 오픈 초반에는 문화센터조차 자격증이 없다는 이유로 출강이 어려웠지만, 공방 운영 기간을 사업자 등록일로 인정받으며 점차 기회가 늘어났다. 특히 실용적이고 합리적인 비용의 보자기 가방 수업은 많은 관심을 끌었다.

코로나 19가 유행하던 시기에는 비대면 수업 요청을 받았다. 나는 보자기 포장법을 촬영해 유튜브에 올리고, 개별 포장된 키트로 재료를 제작해 학생들에게 제공했다. 이 아이디어는 큰 호응을 얻었고, '키트 판매'라는 새로운 사업으로까지 연결되었다.

다른 공방들이 기관이나 기업에 출강하려면 제안서를 보내는 방식을 사용하지만, 나는 주어진 한 번의 기회를 놓치지 않고 다음 기회를 만들어 나갔다. 교육 강사로 일했던 과거의 경험 덕분에 많은 사람 앞에서도 자신감을 갖고 수업을 진행할 수 있었고, 꼼꼼히 기록을 남긴 덕분에 중·고등학교는 물론, 학부모 연수, 고직원 연수, 도서관, 아모레퍼시픽 같은 공공기관과 기업까지 출강 영역을 넓힐 수 있었다.

출강 기회는 제안서가 없어도 스스로 만들어갈 수 있다. 자신의 일을 적극적으로 알리고, 작은 문화센터나 복지센터에서 재능 기부로 시작해 꾸준히 기록하고 홍보해야 한다. 제안서 한 장 없이 출강 요청을 받을 수 있었던 건, 철저한 준비와 꾸준한 홍보 덕분이었다.

"결국 기회를 만드는 사람은, 준비된 사람이다."

[학교 보자기 수업 첫 출강]

PART 3

'데일리보자기' 사업의
성공 노하우

좁은 공방에서 시작된 꿈,
넓은 공간에서 현실이 되다

앞서 언급했듯이 처음 작은 5평짜리 공방을 얻는 데는 많은 어려움이 있었다. 자본금도 거의 없었기 때문에 처음부터 덜컥 상가를 얻어 시작할 수는 없었다. 그래서 먼저 1년간 온라인 마케팅을 통해 브랜드 인지도를 쌓고, 수익을 확보한 후에야 비로소 작은 공방을 마련할 수 있었다. 그때의 선택은 옳았다. 월세 20만 원이라는 비용도 당시에는 큰 부담이었기 때문에, 준비 없이 무작정 시작했다면 아마 금방 문을 닫았을 것이다.

처음 5평짜리 공방을 열고 인테리어 비용도 최소화해 쉼 없이 일했고, 그 결과 예상보다 빠르게 자리를 잡을 수 있었다. 하지만 거래처의 보자기 재고를 관리하면서 공방은 물건을 쌓아둘 곳 없이 점점 좁아지기 시작했고, 불과 6개월 만에 더 넓은 공간이 필요하다는 생각이 들었다. 마침 공방 운영을 시작한 지 얼마 지나지 않아 5년간 나를 짓눌렀던

개인회생 절차가 종료되고, 신용도 회복하던 시기였다.

　코로나 팬데믹이 2년 차로 접어들며 많은 자영업자가 어려움을 겪고 있었지만, 나에게는 오히려 새로운 기회였다. 정부의 자영업자 대상 저금리 대출 지원을 받아 공방을 확장·이전하겠다는 결심을 굳혔다. 남편은 "굳이 이사해서 비싼 월세를 내야 하느냐."라며 우려했지만, 이미 마음은 결정되어 있었다. 비좁은 공간 때문에 수업도 제대로 할 수 없는 지경이었고, 직접 보자기 제작까지 가능한 넓고 쾌적한 공간이 꼭 필요했다.
　처음 작은 공방에서의 경험을 바탕으로 신중히 조건을 따져 몇 달 동안 부동산을 돌아다니며 상가를 알아보았다. 그러던 중, 기존에 카페가 있던 자리가 임대 매물로 나온 것을 발견했다. 위치도 좋고 내부에 화장실도 있어 매우 마음에 들었다. 처음에는 카페 인수자를 찾고 있어서 망설였지만, 한 달 뒤 집기가 빠진 공간을 보고 곧장 계약을 체결했다.

　새로운 공방은 보증금 500만 원, 월세 60만 원으로 이전보다 3배나 높은 비용이었지만, 공간 역시 3배 이상 넓어졌다. 정부에서 받은 자영업자 대출 덕에 늘 꿈만 꾸었던 간판도 달 수 있었고, 인테리어에도 약 600만 원을 투자하며 새로운 출발을 할 수 있었다.
　워낙 어려웠던 시기라 주변에서는 걱정과 우려의 목소리가 많았지만, 그때의 과감한 선택 덕분에 사업 규모가 크게 성장할 수 있었다. 운 좋게 좋은 건물주를 만나 월세도 오르지 않아 안정적으로 자리도 잡았다. 또한 넓어진 공간 덕분에 보자기 제작 기계를 도입해 매입 비용을 줄일 수 있었고, 고객과 수강생 수는 이전보다 훨씬 늘었다.

지금의 '데일리보자기'를 브랜드로 성장시킨 중요한 전환점이 바로 이 18평 공방에서의 새로운 시작이었다.

['데일리보자기' 18평 상가의 before와 after]

간절함이 만든 기회,
공중파 출연의 순간

공방을 확장 이전한 지 1년쯤 지나던 추석 무렵, 한창 분주하던 공방이 잠시 숨을 고르며 조용해지던 어느 날, 퇴근 준비를 하던 중 휴대전화가 울렸다.

"안녕하세요, MBC 〈생방송 오늘 아침〉 제작진입니다. 추석에 받은 보자기를 활용하는 방법에 대해 방송을 준비 중인데, 혹시 출연할 수 있으실까요?"

심장이 쿵쾅거렸다. MBC 공중파에서 출연 제의가 오다니. 이전에도 신문사나 광고회사에서 연락을 받은 적은 있었지만, 대부분이 비용을 요구해 경계심이 앞섰다. 나는 들뜬 마음을 가라앉히며 물었다.

"혹시 제가 돈을 내야 하나요?" 일쿠 방송에서는 간접 홍보를 빌미로 수백만 원을 요구한다는 이야기를 들은 터라, 지레 겁을 먹고 튀어나온 말이었다. 이에 작가님은 웃으며 답했다.

"아니요, 출연료로 15만 원을 드립니다." 솔직히 출연료는 중요하지 않았다. 나는 단호하게 말했다.

"언제든 촬영할 수 있고, 꼭 하고 싶습니다."

작가님은 보자기 활용 사진을 요청했고, 자료를 검토한 뒤 다시 연락을 주기로 했다. 전화를 끊고도 흥분은 가라앉지 않았다. 남편과 친구들에게 자랑했고, 들뜬 마음으로 자료를 정리해 보내며 구체적으로 원하는 촬영 구도와 따로 또 무엇을 준비하면 좋을지 꼼꼼히 물었다.

이처럼 적극적으로 소통하며 진심으로 준비했다. 방송은 추석 연휴 직후 방영될 예정이었고, 나흘간 급히 촬영해야 하는 상황이었다.

다음 날, 작가님으로부터 다시 연락이 왔는데 촬영 전 준비사항의 말미에 이렇게 덧붙이셨다.

"사실 평택은 너무 멀어서 서울 지역 공방을 먼저 알아봤었거든요. 그런데 그쪽에서는 요구사항도 많고 제약이 있더라고요. 그래서 협조를 잘해주신 김 대표님과 촬영하기로 한 겁니다. 촬영에 응해주셔서 감사합니다."

작가님의 말을 유추해 보자면 먼저 서울의 보자기 협회에 문의했으나 여러 촬영 경험이 있었던 이들은 시큰둥한 반응을 보였던 모양이다. 결국 간절했던 내가 선택된 것이다. '간절함은 그 무엇도 이길 수 없다'라는 말을 다시금 실감했다. '준비된 자에게 기회가 온다'라는 믿음도 다시 되새겼다.

〈유 퀴즈 온 더 블록〉에 출연할 때까지

촬영 전날, 공방을 대청소하고 유리창까지 반짝이게 닦았다. 준비물도 철저히 챙겼다. 마침내, 방송팀이 도착했다. 촬영은 다섯 시간 동안 이어졌고, 방송이 얼마나 고된 작업인지 실감했다.

촬영을 마치고 피디와 이야기를 나누며 감사 인사를 전했다.

"서울에도 보자기 공방이 많은데, 이렇게 먼 곳까지 와 주셔서 감사합니다."

그러자 리포터가 웃으며 말했다.

"서울에도 있어요? 왜 우리를 여기까지 오게 했지?" 장난스러운 볼멘소리였지만, 그 수고로움이 느껴져 내심 뭉클했다.

수많은 보자기 공방 중 '데일리보자기'를 선택한 이유는 분명했다. 나는 블로그를 꾸준히 운영해 왔고, 그 노력이 섭외 작가님의 눈에 띈 것이다. 그리고 나는 그 기회를 놓치지 않았다.

어릴 적 자주 보던 〈생방송 오늘 아침〉에 출연하다니, 감회가 새로웠다.

본방이 방영되던 날, 집에서 방송을 보며 얼마나 쑥스럽고 민망했는지 모른다. 하지만 부모님과 시부모님은 '가문의 영광'이라며 촬영분을 이리저리 주변에 돌리셨다.

내가 출연한 방송은 '데일리보자기'의 홍보가 아닌 명절 보자기를 다양한 방법으로 활용하는 방법을 담았다. 브랜드명은 모자이크 처리되었던 탓에 방송 후 매출에 큰 변화는 없었다. 그러나 나는 이 경험을 또 다른 마케팅에 활용했다. 'MBC 공중파 프로그램에 나온 공방'이라는 문구를 인스타그램과 블로그에 적극적으로 활용했고, 이를 본 고객들이 수업과 보자기 주문을 문의하기도 했다. 사실 방송에 한 번 나가면 대박이 날 줄 알았는데, 기대와 달리 조금 실망하기도 했다. 그래도 이 경험은 또 하나의 훈장처럼 남았다. 잊을 수 없는 소중한 추억이다.

최근에는 〈생활의 달인〉 제작진에게서도 섭외 연락을 받았다. 프로그램 취지에 내가 어울릴까 고민했지만, 나는 "뭐든지 하겠습니다."라고 답했다. 손기술 관련 영상을 요청받아 다양한 보자기 포장 장면을 담아 보냈지만, 이 기술은 단순한 속도보다는 예술성과 섬세함이 필요한 작업이라 방송 취지와는 맞지 않아 출연은 성사되지 않았다.

그래도 인스타그램에 올린 방송 출연을 보고 연락이 왔다는 사실만으로도 기뻤다. 꾸준한 활동이 있었기에 가능했던 일이고, 온라인 마케팅의 힘을 다시 확인하는 순간이었다.

나의 최종 꿈은 tvN의 〈유 퀴즈 온 더 블록〉에 출연하는 것이다. 맨땅에 헤딩하듯 시작해 '데일리보자기'라는 브랜드를 일군 이야기를 언젠가 많은 사람과 방송을 통해 나누고 싶다.

"미래의 그날을 꿈꾸며, 오늘도 나는 한 땀 한 땀
보자기를 매만진다."

[MBC 〈생방송 오늘 아침〉 리포터와 함께 찍은 사진(왼쪽부터 저자, 수강생, 리포터 순)]

영업의 달인이 되는 인스타그램 활용 비결

앞서 강조한 온라인 마케팅의 중요한 핵심 사항을 어떻게 실제로 활용할 수 있는지 구체적으로 이야기하려 한다.

나는 '데일리보자기'를 운영하면서 마케팅을 배우는 데 투자를 아끼지 않았지만, 홍보나 마케팅을 위해 돈을 쓴 적은 단 한 번도 없다. 유튜브, 블로그, 인스타그램 모두 독학으로 익혀 직접 운영하고 있다. 지금부터는 그중에서도 가장 쉽고 효과적인 인스타그램을 활용하여 비용 없이 마케팅하는 방법을 소개하고자 한다.

사업을 시작한 지 5년 동안 인스타그램 환경은 많이 달라졌다. 과거에는 서로 맞팔을 하며 소통하는 방식으로 팔로워를 쉽게 늘릴 수 있었고, 그 덕에 나는 약 8천 명의 팔로워가 있다. 하지만 지금은 팔로워를 늘리기가 쉽지 않다. 또 단순히 팔로워 수가 많다고 해서 매출로 바로 이어지는 것도 아니다. 이제는 팔로워 수보다 '얼마나 진정성 있게 소통하느냐'가 더 중요하다. 예쁘고 신비로운 이미지 중심의 마케팅 방식도 한계가 있다. 요즘은 유튜브에 출연하는 연예인조차 예쁘게 꾸민 모습보다 얼마나 진솔한 일상을 보여주느냐에 따라 인기의 척도가 달라진다.

　이처럼 마케팅의 방법은 변했지만, 내가 5년 전부터 꾸준히 사용한 인스타그램 영업 전략은 여전히 효과적이다.
　가장 쉬운 방법은 내가 필요한 제품을 파는 인스타그램의 소규모 업체를 먼저 팔로우해서 구매하는 것이다. 예를 들어 참기름이 필요하면 유명 브랜드가 아닌, 나와 같은 1인 사업자가 운영하는 작고 열정적인 계정을 선택한다. 오히려 나보다 팔로워가 적은 계정을 선택하는 편이 효과적일 수 있다. 인스타그램에서 팔로워 수는 그 자체로 강력한 홍보 수단이 될 수 있기 때문이다.
　구매한 제품을 인스타그램 스토리에 올리면, 해당 업체의 사장님은 반드시 확인하게 되고 자연스럽게 내 계정에 관심을 두게 된다. 특히 내가 구매한 제품을 예쁘게 보자기로 포장해 선물한 사진을 함께 올리면 더욱 눈길을 끈다. 이후 자연스럽게 보자기 샘플을 무료로 보내겠다고 제안하면 대부분의 사장님이 기꺼이 받아들인다. 물론 샘플만 받고 구매로 이어지지 않는 경우도 있지만, 나는 샘플 제작 과정 자체를 콘텐츠로 활용하기 때문에 손해 보는 일은 없다.
　자영업자에게 가장 절실한 것은 고객의 좋은 후기와 자연스러운 입소문이다. 상대방이 먼저 내게 좋은 일을 해 주길 기다리기보다, 내가 먼저 전하면서 관계를 쌓는 것이 영업의 핵심이다.

　DM으로 적극적으로 다가가면서 주변을 관찰하는 좋은 습관이 생겼다. 차로 이동하거나 공방 주변을 산책할 때, 온라인 검색을 할 때도 새로운 매장을 발견하면 항상 관심을 기울인다. 예쁜 로고의 디저트 가게를 보면 제품을 구매하고 명함을 교환하며, 보자기 샘플을 만들어 다시 방문하는 방식으로 오프라인 영업을 펼쳤다. 이렇게 평택에서 인지도를 높이고 자리를 잡은 뒤에는 온라인에서도 같은 전략을 사용했다.

　보자기가 필요한 업종은 떡집, 과일 가게, 화과자 전문점, 마카롱 가게, 주얼리숍 등 매우 다양하다. 최근에는 양말까지도 보자기로 포장할 만큼 보자기의 활용 범위가 넓어졌다. 나는 이미 보자기를 사용하고 있거나, 오픈했지만 아직 포장 패키지가 없는 매장을 우선순위에 두었다. 이런 전략으로 다양한 거래처를 확보했고, 매출 역시 점점 늘어났다.

　최근에는 인스타그램에서 우연히 발견한 떡집 사장님께 DM으로 협업을 제안했다.

　"안녕하세요, 대표님! 떡 포장 패키지가 정말 예뻐서 눈길이 갔습니다. 혹시 로고를 넣은 보자기 샘플을 보내드려도 될까요?"라고 메시지를 보냈다. 오픈한 지 얼마 되지 않았지만, 브랜딩이 잘 되어 있어 눈에 띄었던 매장이었다. 사장님은 흔쾌히 제안을 받아들였고, 때마침 5월, 가정의 달을 맞아 고객들이 고급 보자기 포장을 요구해 실제 주문으로 이어졌다. 처음에는 가격 문제로 고민했지만, 고객들이 기꺼이 추가 비용을 지급하고라도 특별한 포장을 원했다.

당장 샘플 제공이 매출로 이어지지 않아도 실망하지 않았다. 아무것도 하지 않으면 '아무 일도 일어나지 않는다'라는 믿음으로 지금도 꾸준히 움직였다.

한동안 마케팅을 열심히 했으니 고객이 알아서 찾아오리라 생각하며 연락을 기다린 적도 있었다. 하지만 조금이라도 시간이 나면 지금도 직접 DM을 보내 영업에 나선다. 릴스를 자주 보는 나는 성공 가능성이 있어 보이는 매장을 발견하면 즉시 연락을 취하고, 다양한 지점 간 협업을 성사시키기도 한다.

[마카롱 업체와 과일 가게에서 진행한 핼러윈 시즌 보자기 콜라보]

인플루언서 마케팅, 어렵지 않다

자본이 부족한 소규모 창업자에게 마케팅은 가장 큰 고민이다. 유명 맛집이나 대형 브랜드는 전문 대행사를 활용할 수 있지만, 작은 브랜드는 그럴 여력이 없다. 그러나 이런 제약은 오히려 창의적인 마케팅 전략을 찾는 계기가 되었다.

처음 온라인 쇼핑몰 입점을 위해 제품 사진 촬영이 필요했을 때, 친구가 모델을 자처해 비용 없이 시작했지만 금방 한계가 느껴졌다. 그때부터 나는 인스타그램에서 영향력 있는 모델을 직접 찾아 나섰다. 광고비 대신 제품을 무상 제공하고 착용 사진과 진솔한 후기를 요청하는 방식이었다. 특히 보자기와 잘 어울리는 한복 모델들에 주목했다. 작은 브랜드의 협찬 제안을 유명 모델이 과연 받아줄지 확신이 없었지만, 뜻밖에도 가장 팔로워가 많은 모델이 먼저 긍정적인 답을 보내왔다.

이때의 설렘은 지금도 잊을 수 없다. "너무 예쁜 가방이네요, 협찬해 주셔서 감사합니다!"라는 메시지를 받은 순간, 마치 로또에 당첨된 기분이었다. 기대를 넘어선 모델의 감성적인 사진과 정성스러운 후기는 브랜드를 더욱 빛나게 했다. 이때 얻은 사진은 지금도 '데일리보자기'의 대표 이미지로 사용되고 있다. 유명한 사람이라 거절할 거라 지레 겁먹고 시도조차 하지 않는 것이 가장 큰 실수라는 사실을 깨달았다.

이 경험을 바탕으로 신제품 출시 때마다 영향력 있는 인물을 선정해 제품을 협찬하고 자연스러운 홍보를 부탁하는 전략을 구축했다. 이렇게 맺어진 인연은 서로에게 든든한 지지가 되었다. 제한된 예산으로도 큰 홍보 효과를 볼 수 있었고, 이 방식을 수강생들의 제품 홍보에도 적용해 서로에게 이익이 되는 네트워크를 만들어갔다. 직접 발로 뛰며 만들어 낸 이 방식이 지금도 '데일리보자기'의 가장 효과적인 마케팅의 비결이다.

['단디백' 인플루언서 마케팅으로 진행된 컷(모델: 인플루언서, 조선여자 모나)]

여기서 잠깐, 실전 팁!

★ 온라인 마케팅 플랫폼별, 같지만 다른 공략법

플랫폼별 마케팅 전략은 얼핏 비슷해 보이지만, 그 안을 들여다보면 접근 방식과 공략법은 조금씩 결이 다르다. 각 채널의 성격을 이해하고, 실전에서 바로 적용할 수 있는 구체적인 전략들을 하나씩 짚어보자.

1. 인스타그램: 첫인상과 알고리즘으로 승부하기

인스타그램에서는 팔로워 수가 이제 절대적인 기준이 되지 않는다. 소위 '떡상'하는 콘텐츠는 팔로워가 100명뿐인 계정에서도 얼마든지 가능하다. 릴스(동영상 콘텐츠)가 중심이 된 지금, 팔로워를 늘리는 일이 쉽지 않은 만큼, 중요한 것은 내 콘텐츠가 잠재 고객에게 정확히 닿는 것이다.

무엇보다 '첫인상'이 중요하다. 매장 로고나 인물 사진을 프로필로 설정하면 신뢰와 친근함을 동시에 줄 수 있다. 공방에 대한 소개 문구는 프로필 세 줄 안에 강렬하게 담아내야 한다. 문장이 떠오르지 않는다면 챗GPT의 도움을 받는 것도 좋은 방법이다.

예를 들어, 평택의 화과자 공방 '오름당'은 '전직 유치원 1급 정교사가 만드는 아기자기한 화과자'라는 한 줄로 확실한 차별성을 전달했다.

초반에는 팔로워 수보다 콘텐츠의 '구성'이 중요하다. 제품을 한눈에 볼 수 있는 메뉴판 형태의 게시물, 매장을 찾아가는 길 등은 스토리 하이라이트에 정리해 두자. 피드에는 사진보다는 릴스를 중심으로 콘텐츠를 올리는 것이 효과적이다. 공방 출근길, 주문 제작 과정, 재료 구매 등 평범한 일상이라도 영상으로 담아보자. 내게는 너무나 익숙한 장면이지만, 이것이 누군가에겐 새롭고 유익한 정보일 수 있다.

인스타그램은 관심사 기반의 알고리즘으로 작동하기 때문에, 타깃이 좋아할 만한 주제에 집중해야 한다. 어떤 게시물에 '좋아요'를 누르거나 댓글을 다는지도 모두 내 관심사를 반영하는 데이터로 쓰인다. 예를 들어, 강아지 옷을 판매하는 사람이라면 반려동물 관련 계정의 운영자와 소통하는 것이 자연스럽게 노출 범위를 확장하는 데 도움이 된다.

해시태그는 5~10개 정도가 적당하다. 의미 없는 태그보다는 실제 검색 가능성이 큰 키워드를 활용하자. '#날씨좋음'보다는 '#평택원데이클래스', '#보자기 공방'과 같이 구체적인 키워드가 효과적이다. 해시태그에는 띄어쓰기를 하지 않아야 검색 효율이 떨어지지 않는다.

무엇보다 중요한 건, '인플루언서'가 되는 것이 아니라 '진짜 고객에게 도달하는 것'이라는 점을 잊지 않는 것이다. 무분별하게 팔로우를 늘리는 대신, 원하는 콘텐츠를 저장해 두고 찾아보는 습관을 들이는 것이 더 현명하다. 개인적인 일상이나 감정 표현은 브랜드 계정과 분리하자. 사적인 이야기는 24시간 후 사라지는 스토리나 별도의 계정을 활용하는 것이 바람직하다.

2. 스레드: 친근한 대화로 잠재 고객 사로잡기

스레드는 인스타그램과 연동된 플랫폼으로, 함께 시작하면 더욱 효과적이다. 사진이나 영상 없이 글만으로 소통할 수 있어 진입 장벽이 낮고, 자연스러운 마케팅 도구로 주목받고 있다. 스레드의 가장 뚜렷한 특징은 '반말체의 소통'이다. 처음엔 어색할 수 있지만, 한두 줄의 짧은 글부터 시작해 보자. 핵심은 '공감'이다. 홍보 문구를 앞세우기보다는, 일상 속 이야기로 자연스럽게 브랜드를 녹여내야 한다.

예를 들어, 돌잔치 답례품으로 인기 있는 색동보자기를 소개하며 "요즘은 계획 임신이 많아서 1~3월생 아이들이 많다던데, 울 아들은 1월생이야. 혹시 1~3월생 돌잔치 준비 중인 엄마 있을까?"라고 적은 글은 관련 타깃에게 노출되어 실제 주문으로 이어졌다.

이처럼 스레드의 강점은 구매 가능성이 높은 고객과 자연스럽게 소통할 수 있다는 점이다. 단, '솔직함'이 '무제한의 자유'를 의미하는 것은 아니다. 정치, 종교, 연예인 논란 등 민감한 주제는 피해야 하며, '좋아요'를 누른 글이나 댓글을 단 계정은 모두 팔로워에게 노출된다는 점을 명심해야 한다. 긍정적이고 진정성 있는 일상을 기록하는 것이 가장 좋은 방법이다.

3. 블로그: 장기적 신뢰 구축으로 충성 고객 만들기

블로그는 인스타그램과는 전혀 다른 성격의 플랫폼이다. 인스타그램이 즉각적인 반응을 유도하는 '관심 기반' 채널이라면, 블로그는 검색을 통해 유입되는 '정보 기반' 채널이다. 따라서 단기간의 반응보다 장기적인 신뢰 구축에 집중해야 한다.

검색 기반인 만큼, 고객이 궁금해할 키워드를 중심으로 글을 구성해야 한다. 작성에 시간이 많이 걸리고 당장 효과가 나타나지 않기 때문에 많은 사람이 도중에 포기한다. 그러나 진입 장벽이 높은 만큼, 오히려 경쟁이 덜한 블루오션이 될 수 있다. 엄청나게 잘 쓸 필요는 없다. '블로그를 운영하고 있다'라는 사실 자체가 이미 차별점이 될 수 있다.

매일 포스팅이 어렵다면 일주일에 한 번이라도 양질의 콘텐츠를 정기적으로 올려보자. 예를 들어, 보자기 포장법을 사진, 영상과 함께 소개한 글은 독자들이 반복해서 찾아보며 체류 시간과 재방문율을 높이는 데 크게 기여했다. 블로그에서는 체류 시간, 재방문율, 공유 횟수가 핵심 지표로 작동하므로, 공들인 콘텐츠로 꾸준히 신뢰를 쌓아야 한다.

4. 유튜브: 진정성으로 글로벌시장 개척하기

창업 4년 차에 접어들며 유튜브에서 뜻밖의 성과를 얻었다. 유튜브 '잘되는사람들' 채널의 인터뷰 영상이 알고리즘을 타고 전국은 물론 전 세계로 퍼져나간 것이다. 이러한 기회를 만들 수 있었던 이유는, 그동안 모든 마케팅 채널에서 꾸준히 콘텐츠를 기록해 온 덕분이다.

유튜브는 영상 편집과 얼굴 노출에 대한 부담이 있지만, 수작업 중심의 공방이라면 반드시 시도해 볼 만한 채널이다. 처음부터 매끄러운 편집을 고집할 필요는 없다. 얼굴을 공개하는 것이 조금 부담스럽다면 처음에는 손만 나오는 간단한 영상으로 시작하거나, 공예 제작 과정을 담은 짧은 클립을 올리는 것만으로도 충분하다.

요즘은 자극적인 콘텐츠에 피로감을 느끼는 이들이 많다. '몇천만 원 버는 방법'보다는 '공방 사장 브이로그'처럼 잔잔하지만 진정성 있는 영상이 더 오래 사랑받는다.
편집이 부담스럽다면 간단한 자막만 넣어도 좋고, 나의 이야기를 더욱 진솔하게 전달하고 싶다면 타 유튜브 채널에 출연해 인터뷰를 진행하는 것도 좋은 방법이다.

모든 플랫폼은 각자의 방식으로 고객과 소통하는 도구다. 중요한 것은 보여주기보다 들려주는 자세, 광고보다 공감을 이끄는 이야기다.
진정성은 플랫폼을 초월해 통한다. 그것이야말로 고객의 마음에 오래 남는 브랜드의 시작이다.

★ 온라인 마케팅 플랫폼별 실전 공략법

플랫폼	핵심 전략	운영 팁
인스타그램	-첫인상(프로필)과 릴스 중심 -알고리즘 이해 및 활용	-프로필 3줄 핵심 메시지 구성 -릴스로 제작, 일상 콘텐츠 공유 -해시태그 5~10개 활용 (검색 가능 키워드 위주) -하이라이트 활용
스레드	-반말체 -짧고 자연스러운 글과 공감 중심의 이야기	-느끼한 홍보 대신 일상 속 메시지 -트렌드, 시즌 연계 주제 활용
블로그	-검색 기반 장기 운영 전략 -신뢰와 반복 방문 유도	-핵심 키워드를 포함한 제목과 본문 -사진과 영상 콘텐츠 함께 구성 -주 1회 이상 양질의 글
유튜브	-진정성 있는 영상 콘텐츠 -글로벌 확산 가능성	-신체의 일부만 나오는 제작 영상도 가능 -인터뷰, 브이로그 형식도 추천 -타 채널 출연도 효과적

'처음'이 '최고'를 이기는 순간

'보자기로 돈을 벌어야겠다'라고 결심했을 때, 나는 공예와는 거리가 먼 평범한 워킹맘이었다. 손재주도, 자격증도 없었고, 오직 '생활비를 벌어야 한다'라는 절박함만이 나를 움직이게 했다. '공예를 돈이 되도록 재구성하는 법'부터 고민했던 이유다.

내가 처음으로 선택한 아이템은 '단디백'이었다. 일반적인 보자기 공방에서는 보자기를 가방처럼 묶는 방법을 수업으로만 다루곤 했다. 하지만 매듭을 느슨하게 묶어야 해서 실용성보다는 '이렇게도 쓸 수 있다'라는 시연용 소품에 가까웠다. 나는 그것을 실제 제품으로 만들어 판매하겠다고 결심했다.

'구매하자마자 곧바로 들고 나갈 수 있고,
풀릴 염려도 없는 보자기 가방은 왜 없을까?'

이 단순한 의문이 내 머릿속을 거듭 두드렸고, 제품 상용화에 나섰다.

첫 시제품은 참 투박했다. 친구들에게 나눠 주며 불편한 점을 모조리 적어 달라고 부탁했다. "다른 원단은 없어?", "크기가 너무 큰데?"와 같은 아주 사소한 피드백조차 놓치지 않았다. 수십 번의 수정 끝에, 마침내 '데일리보자기'만의 보자기 가방이 탄생했다.

처음엔 주변 사람들에게만 저렴하게 판매했다. 독특한 디자인 덕분에 누군가 가방을 들고 나가면 "이거 어디서 샀어요?"라는 질문이 자연스레 따라왔다. 판매 채널은 '아이디어스', 홍보는 인스타그램 하나면 충분했다.

보자기 협회 가입을 고민한 적도 있지만, 규정이 소재와 디자인을 지나치게 제한하고 있었다. '틀에 얽매이면 내 아이디어도 남의 것이 된다'라는 생각 끝에 독자 노선을 택했고, 그 선택은 결과적으로 신의 한 수가 되었다. 매년 여름이면 매출 그래프를 끌어 올리는 '비수기 해결사'가 되어 준 것이다.

뒤늦게 유사 제품이 쏟아졌지만, '데일리보자기'만의 '손으로만 완성하는 봉제 없는 기술', '풀리지 않는 매듭', '일상복과 어울리는 면 원단'이라는 핵심 가치는 쉽게 따라올 수 없는 것이었다. '데일리보자기'의 보자기 가방은 '최고보다 최초가 되자'라는 문장을 내 삶으로 증명한 첫 작품이 되었다.

실크스크린과 보자기의 만남

"똑같이 파는 보자기 대신, 이름이나 로고, 메시지를 새긴

세상에 하나뿐인 보자기는 어떨까?"

시중에 자수 보자기는 있었지만, 가격이 가장 큰 걸림돌이었다. 자수기를 들이자니 천만 원이 넘었고, 외주를 맡기면 소량 제작의 단가가 지나치게 높았다.

전환점은 코로나 팬데믹이었다. 비대면 시대가 도래하며 실크스크린 키트가 유행처럼 등장했고, 인천의 한 공방 대표가 인스타그램을 통해 키트를 판매하는 순간, 머릿속에 전구가 켜졌다.

'자수 대신 실크스크린이라면 가능하지 않을까?'

곧바로 키트를 주문해 답례품용 보자기에 '첫돌' 문구를 찍어 보았다. 잉크가 천에 스며들며 번지는 먹빛에 묘한 따뜻함이 느껴졌다. 수많은 실패작이 나왔지만, 단 한 장의 성공이 내 마음을 단숨에 사로잡았다.

다음 날, 돌 답례품 전문 업체인 '꿀쟁이'에 샘플을 보냈다.

나는 "꿀 스틱과 첫돌 보자기를 세트로 출시해 보면 어떨까요?"라는 제안을 했고, 일주일 뒤, 100장의 주문이 들어왔다. 그 뒤로 '꿀쟁이'는 꾸준히 재주문을 했고, 어느 날은 회사 로고가 들어간 보자기를 급하게 요청해 왔다. 외주 제판 후 택배로 받아 작업한 뒤 다시 택배로 보내는 방식으로는 도저히 촉박한 납기를 맞출 수 없었다. 결국 친한 자수공방 사장님께 부탁해 겨우 마감에 맞췄다.

그때 문득, '모든 과정을 내가 직접 하면 이런 주문 제작도 가능하겠구나'라는 생각이 들었다. 다시 한번 결단이 필요했다. 자수기 대신 실크스크린 기계를 들이기로 한 것이다.

며칠 밤을 새워가며 검색한 끝에, 친환경 실크스크린 제판 기계를 찾아냈다. 가격은 400만 원. 당시 내 형편으론 결코 가벼운 금액이 아니었지만, '이번에도 최초라면 가능성이 있다'라는 믿음으로 카드 할부를 감행했다.

첫 번째 작품은 어버이날을 겨냥한 '카네이션 보자기'였다. 초반엔 잉크가 새고 번지기도 했지만, SNS에 사전 주문을 열자 폭발적인 반응이 이어졌다. 매일 손으로 완성도를 끌어올린 덕분에 한 달 만에 기곗값을 회수했고, 이듬해에는 품질을 개선해 가격을 20% 인상했음에도 오히려 주문이 더 늘었다.

실크스크린은 더 이상 미술 전공자의 영역이 아니었다. 지금도 '데일리보자기'는 고객이 원하는 문구와 로고를 받아 일일이 도안을 만든다. 팀 회의 때마다 "남들이 써 보지 않은 소재는 없을까?", "보자기에 담긴 사연을 어떻게 입체적으로 전할 수 있을까?"를 고민한다. 색채를 또렷하게 살리는 친환경 잉크 배합법, 늘어지는 원단에서도 번짐을 막는 세팅 노하우는 수많은 시행착오 속에서 쌓은 우리의 자산이다.

돌이켜 보면, 내가 한 일은 거창하지 않았다. '왜 다들 저렇게만 할까?'라는 질문을 품고, 맨땅에서 작은 실험을 반복했을 뿐이다. 그러나 그 첫걸음이 바로 브랜드의 정체성을 만들었다.

'단디백'은 '가방도 될 수 있는 보자기'가 아니라, '보자기로 만든 가방'이라는 새로운 지평을 열었다. 실크스크린 보자기는 '답례품은 전형적이어야 한다'라는 고정관념을 무너뜨렸다.

최초의 길은 결코 쉽지 않다. 시행착오와 실패 확률은 높고, 그 어려움이 곧 진입 장벽이 된다. 하지만, 처음 시도한 사람이 끈질기게 버티기만 하면, 뒤따라오는 이들은 겉모양은 흉내 낼 수 있을지언정 아이디어의 뿌리까지는 베끼지 못한다.

앞으로도 나는 시장의 빈틈을 눈여겨볼 것이다.

"남들이 번거롭다며 건너뛴 길, 위험해 보여 주저한 길,
'안 된다'고 단정 지은 길.
그 길의 끝에는 언제나 '최초의 기회'가 숨어 있으니까."

[카네이션 보자기와 첫돌 보자기]

일 년 열두 달 중
석 달만 바빠요

'데일리보자기' 창업 2년 차, 첫 번째 큰 고비가 찾아왔다.

일 년 열두 달 가운데 설과 추석, 그리고 5월 가정의 달, 딱 석 달만 정신없이 바빴다. 어떤 달에는 월 매출이 500만 원을 넘기도 했지만, 나머지 아홉 달은 100만~200만 원을 겨우 넘겼다. 들쑥날쑥한 매출에도 불구하고 무리해서 대출을 받아 공방을 확장했고, '거래처 납품만 꾸준히 하면 언젠가 자리를 잡겠지' 하는 안이한 믿음에 기대고 있었다.

그러나 1~2년 사이, 매장을 접는 사장님들이 속출하면서 거래처는 오히려 줄어들었다. 설 대목을 대비해 넉넉히 준비한 재고는 팔리지 않았고, 석 달에 집중됐던 특수 시즌마저 예전 같지 않았다. '2년이면 대출을 다 갚고도 남겠지'라는 계산은 허상이었다. 2년은 눈 깜짝할 사이에 지나가 버렸고, 수입은 그대로인데 원금 상환 시점은 성큼 다가왔다. 수익은 고스란히 대출금과 카드값을 막는 데 쓰였고, 숨 돌릴 틈조차 없었다.

그제야 나는 집안 지출과 공방의 매입·매출 구조를 들여다보기 시작했다. 매출 500만 원에 매입 비용이 400만 원. 수입만 생각하고 지출을 통제하지 못한 결과였다. 아이를 돌보며 사업에 매달려 경주마처럼 앞만 보고 달려온 지난 2년. 그 시간의 무게가, 계산기 화면에 찍힌 숫자보다 더 무겁게 다가왔다.

거래처 사장님들에게는 보자기 가격을 올리기 어려웠고, 도매로 들여온 보자기를 판 이윤율은 지나치게 낮았다. 게다가 원단값과 공임은 해마다 올랐다. '시간이 해결해 주겠지'라는 낙천적인 기대는 결국 대출을 또 다른 대출로 막는 악순환을 낳았다.

가계에도 대출이 많은 상황에서, 사업 자금까지 빌리자 가계와 공방의 재정이 뒤엉켜 버렸다. 자격증도 없는 터라 협회의 운영 방식이나 가격 책정, 원단 유통 구조에 대한 지식이 전무했고, 비교당해도 설명할 말조차 없었다.

'변화 없이는 생존도 없다'

그 단순한 진리를, 그제야 비로소 절감했다.

그 무렵, 오랫동안 눈여겨보던 공방 사장님이 '보자기 창업 과정' 강의를 연다는 소식을 들었다. 경제적 여유는 없었지만, '지금 투자하지 않으면 살아남을 수 없다'라는 절박감에 한가해진 비수기를 활용해 안양까지 찾아갔다. 그 사장님은 나와는 정반대 성향이었고, 내가 미처 해내지 못했던 부분을 시원하게 해결해 주는 분이었다.

나는 이미 현장에서 2년을 버텼기에, 정해진 커리큘럼보다 급한 질문부터 던졌다. 사장님은 다소 당황한 기색이었지만 내 속도에 맞춰 주었고, 가려운 곳을 정확히 짚어 주었다. 원단 거래처, 크기 계산법, 매입·매출장 작성 요령까지 세세히 배웠다.

"매입·매출장도 안 쓰고 공방을 운영했느냐."라는 일침에 얼굴이 화끈거렸지만, 그날 이후 나는 숫자 앞에서 더는 시선을 피하지 않았다.

수업이 끝나자마자, 중고 공업용 인터로크(가장자리 마감용 재봉기)를 들였다. 기존에는 시어머니가 가정용 인터로크로 면 원단 마감만 도와주셨지만, 인건비가 계속 오르는 상황에서 외주 제작만으로는 경쟁력을 갖기는 힘들었다. 직접 제작을 시작하자 매출은 그대로 500만 원이었는데도, 매입 비용은 100만 원대로 줄었다.

이윤율이 급격히 높아졌고, 기존 거래처만으로도 사업이 안정세를 되찾았다. 그렇게 카드값에 쫓기던 일상에 비로소 숨통이 트이기 시작했다.

돌이켜보면 지난 2년은 값진 실험의 시간이었다. 실패를 통해 부족함을 직면했고, 원단을 대량 구매해 직접 제작함으로써 공임을 오롯이 내 이윤으로 돌릴 수 있었다.

나는 여전히 남들과는 반대로 움직인다. 과거에는 제품을 완성한 뒤 판매했지만, 이제는 먼저 팔고, 문제를 해결하며 시장의 길을 개척해 나간다.

사업에 정답은 없다. 정석을 따르지 않아도 괜찮다.

"중요한 건 완벽한 준비보다, 무엇이든 일단 부딪혀 보는 용기다."

 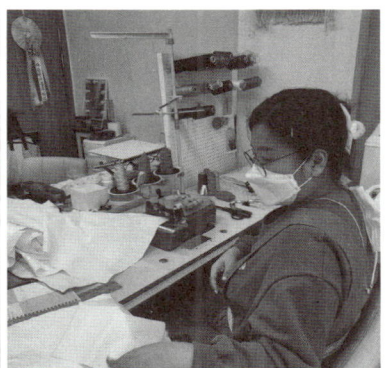

[보자기 제작 과정]

시급 12,000원
vs 시급 200,000원

추운 겨울밤, 주차된 차 안에서 참았던 눈물이 터졌다. 휴대전화 화면에 아버지의 전화번호가 선명히 떠 있었지만, 손가락이 차마 움직이지 않았다. 새벽 다섯 시부터 밤 열 시까지 세 가지 일을 뛰며 가족을 부양하는 아버지에게 또다시 손을 벌릴 수는 없었다. 하지만 내일모레 결제될 카드값은 기다려 주지 않았고, 통장 잔고는 이미 바닥을 쳤다.

공방을 연 지 3년, 그동안 크고 작은 위기에도 꺾이지 않았던 나였지만 이번엔 달랐다. 처음으로 폐업을 진지하게 고민할 만큼 자금난은 깊고 냉혹했다. 특히, 코로나 팬데믹 시기에 받았던 소상공인 대출의 상환이 시작되면서 숨통이 조여왔다. 월말이면 어김없이 찾아오는 고정비는 납덩이처럼 가슴을 짓눌렀다.

공방 확장을 계획할 때만 해도 모든 것이 밝게만 보였다. 전통문화에 대한 관심은 높아졌고, 새 기계를 들일 때마다 가슴이 설렜다. 그러나 현실의 거래 관행은 냉정했다. 재료비는 선결제가 기본이었고, 물건을 납품한 뒤에야 대금을 받을 수 있었다. 그러니 매출이 늘어날수록 더 많은 자금이 필요했다. 연말 선물 포장 주문이 쏟아졌지만, 밤늦게까지 홀로 작업해야 했다. 공방은 포장 대기 상자로 가득 찼고, 뜯지도 못한 자재가 산더미처럼 쌓여만 갔다. 빨리 납품해야 돈을 받을 수 있었지만, 그 돈으로도 카드값을 메우기엔 빠듯했다.

밤마다 뒤척였다. 고정비와 이자를 줄이기 위해 생활비부터 과감히 줄였다. 도시락을 싸서 출근하고, 커피 한 잔조차 사치라고 여겼다. 주말이면 아이와 도시락을 들고 공원으로 향하며 최대한 허리띠를 졸라맸다.

버텨야 했다. 저지른 일은 내가 수습해야 했다. 그렇게 다짐하며 '구인 구직 앱'을 열었다. 본업을 지키기 위해 공방 문을 닫은 뒤, 저녁 시간에 주 2회 홀서빙 아르바이트를 시작했다. 한 달 내내 일해도 겨우 30만 원 남짓이었지만, 아이 유치원비만큼은 벌 수 있으리라 믿었다. 새벽 여섯 시부터 밤 열한 시까지, 육아, 보자기 제작, 아르바이트를 쉼 없이 이어 갔다. 한두 달쯤 지나자 체력적으로도, 심적으로도 너무 힘들어졌다.

그러던 어느 날, 아르바이트하던 중 휴대전화에서 알림이 울렸다. 스마트스토어에 20만 원짜리 주문이 들어온 것이다. 아르바이트로 한 달 내내 일해야 받을 수 있는 수입이 공방에서 한 시간 안에 끝내고 받는 것과 같았다. 현실이 선명해졌다. 이럴 때가 아니었다. 사업에 다시 집중해야 한다는 확신이 들었다.

공방 운영과 아르바이트를 병행한 지 석 달쯤 지나, 명절 시즌이 다가오자 공방 주문이 폭주했다. 아모레퍼시픽에서는 강의 제안이 들어오기 시작했다. 하루아침에 시급 12,000원의 아르바이트생에서 시급 200,000원의 강사로 도약한 순간이었다.

해가 뜨기 전이 가장 어둡다는 말을 온몸으로 깨달았다. 절망의 끝자락에서, 기회는 움트고 있었다.

그동안 SNS에 떠도는 화려한 성공담에 흔들렸지만, 이제는 안다. 삶에는 각자의 속도가 있고, 성공도 저마다의 시간표가 따라온다. 누군가의 성과를 부러워하기보다는 내 속도를 지키는 것이 중요하다. 여전히 갚아야 할 대출금은 남아 있고, 예상치 못한 지출도 종종 생기지만, 그 시절의 경험은 무엇보다 든든한 자산이 되었다.

최악의 순간에도 길을 찾아낼 수 있다는 자신감, 그것은 어떤 보석보다 값진 자산이었다.

그 겨울밤, 차 안에서 흘린 눈물은 결코 헛되지 않았다. 오히려 더 큰 꿈을 향해 나아가게 한 출발점이었다.

저는 팔릴 만한 제품만 만듭니다

　보자기 가방을 출시한 지 1년쯤 지난 어느 날, 아이디어스에서 쪽지가 도착했다.

　"사장님, 혹시 이 원단으로 보자기 가방을 만들어주실 수 있을까요?" 링크를 눌러 보니, 한복 원단 전문 쇼핑몰이었다. '데일리보자기'는 지금까지 단 한 번도 맞춤 제작을 거절한 적이 없었다.

　"가능합니다. 제가 직접 원단을 주문해 제작해 드릴게요. 다만, 주문 제작이라 추가 비용이 있습니다." 고객은 흔쾌히 승낙했고, 나는 고객님께서 고른 모시 원단에 눈에 띄는 두 가지 색상의 모시 원단을 골라 함께 주문했다.

　원단이 도착하자 걱정이 밀려왔다. 면 원단에 익숙했던 터라, 빳빳하고 속이 비치는 모시는 재단도, 봉제도 쉽지 않았다.

　'굳이 이 원단이어야 할까?'

잠깐의 의구심이 스쳤지만, 완성된 가방은 생각보다 훨씬 멋졌다. 시원한 직조 덕분에 여름용으로 제격이었고, 강직한 질감이 복주머니처럼 깔끔한 둥근 형태를 단단히 잡아 주었다.

가방 세 점을 들고 야외로 나가 사진을 찍고 인스타그램에 올리자마자, DM이 쏟아졌다.

"저도 주문하고 싶어요.", "다른 색상은 없나요?"

메시지가 연달아 도착했다. 나는 이 새 라인에 '단디백'이라는 이름을 붙였다.

'단디'는 경상도 사투리로 '단단히, 야무지게'라는 뜻이다.

면 원단으로 만든 기존 가방은 가장 인기 있던 한 가지 원단만 남기고 수업용으로 돌렸다. 원단을 한 종류로 통일하자 대량 주문이 가능해졌고, 원가가 절감되었다. 제작 공정도 단순해져 생산성이 두 배로 뛰었다.

1년 뒤, 코로나 팬데믹이 잦아들자 한국 전통 아이템에 대한 해외의 관심이 폭발적으로 늘었다.

MZ 세대는 한복 차림에 '단디백'을 매치하며 '힙한' 전통 패션을 즐겼고, 외국인들은 '단디백'을 기념품으르 사 갔다.

종로 쌈지길 '소담상회'에서 첫선을 보이자마자 완판을 기록했고, 여수의 전통 소품 숍에서도 입점 판매 요청을 받아 납품했으며, 명동 롯데백화점 본점 영플라자에도 위탁 판매를 진행했다. LA에 있는 한국 전통 소품 숍에서는 40개의 대량 주문이 들어와, 첫 수출까지 성사되었다. 결

[인사동 쌈지길에서의 '단디백' 첫 오프라인 판매]

국 한 고객의 요청이 '데일리보자기'보다 '단디백'을 먼저 유명 브랜드로 밀어 올린 셈이었다.

우연한 기회를 놓치지 않았다 _ 색동 보자기

색동 보자기가 탄생한 계기는 우연이었다. 오랫동안 거래해 온 보자기 원단 업체에서 연락이 왔다.

"사장님, 보자기를 직접 만드시니까 자투리 원단 좀 드릴까요?"

색동 원단은 평소 가격이 만만치 않다. 나는 감사 인사를 전하고 자투리 원단을 한가득 받았다. 문제는 크기였다. 보자기를 만들기엔 모자

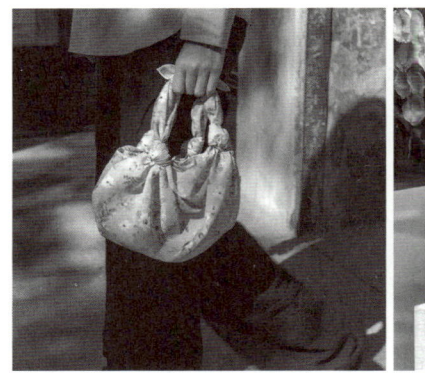 

[LA 소품 숍에서 판매 중인 '단디백']

랐고, 끈을 만들기에도 애매했다. 그렇다고 버리자니 아까웠고, 쌓아두자니 창고만 차지했다.

며칠을 고민하던 끝에, 화이트 보자기 끝단에 전통 색동 조각을 테두리처럼 덧대 보았다. 촌스럽지는 않을까 살짝 고민했는데, 깨끗한 흰색 바탕 위에 색동이 오히려 더 돋보였다.

나는 색동 조각을 일정한 크기로 잘라 '포장 전용 색동 보자기 조각 세트'를 만들어 스마트스토어에 등록했다. 때마침 레트로 열풍이 불면서, 돌잔치 답례품을 직접 포장하려는 엄마들이 대거 유입됐다.

"색동 조각만 얹으면 전통 포장이 완성된다."라는 후기가 입소문을 탔고, 주문이 빠르게 늘어났다.

그러던 어느 날, 창원에 있는 한 대형 떡집에서 연락이 왔다.

"색동 조각 2,500장을 납품해 주실 수 있나요?"

공장도 아닌 작은 공방이었지만, 납기를 넉넉히 주신 덕분에 용기를 내어 수락했다. 공방 수강생들과 함께 일주일 넘게 매달려 작업에 몰두했다. 완성된 조각들을 박스 가득 싣고 택배로 보낸 뒤, 제작 과정을 릴스로 만들어 SNS에 올렸더니 조회 수가 10만을 훌쩍 넘었다.

재료비 '0원'에 가까운 자투리 원단이 효자 상품으로 거듭난 순간이었다.

새로운 자원을 들이지 않아 환경에 부담을 주지 않았고, 비용도 절감했으며, 쓰임을 잃을 뻔한 조각들이 고객에게는 특별한 가치를 선물했다.

그 경험은 단순한 판매 이상의 의미를 안겨 주었다. 작은 자투리에서도 새로운 기회는 자라고 있었다.

'어떻게 하면 팔릴까'를 끊임없이 고민했다 _ 아모레 보자기

아모레퍼시픽 설화수 굿즈 공모전 대상 수상은 우연이 아닌 '필연'이었다. 공방을 운영하면서도 아모레 카운슬러 일을 병행한 덕분에, 본사 교육과 워크숍, 촬영 등 다양한 기회를 누릴 수 있었다. 카운슬러 전용 잡지의 표지 모델로 선정되어 강남 스튜디오에서 촬영하기도 했고, 전국의 카운슬러들과의 네트워크도 자연스럽게 확장되었다. 아모레와의 인연이 깊어질수록 '설화수 제품을 위한 보자기를 꼭 만들어 보고 싶다'라

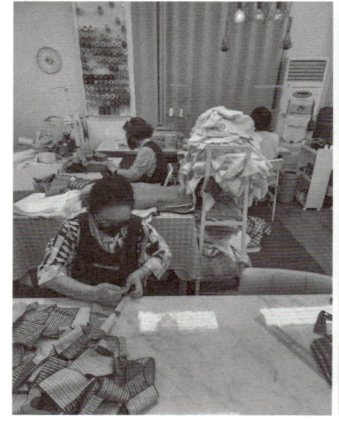 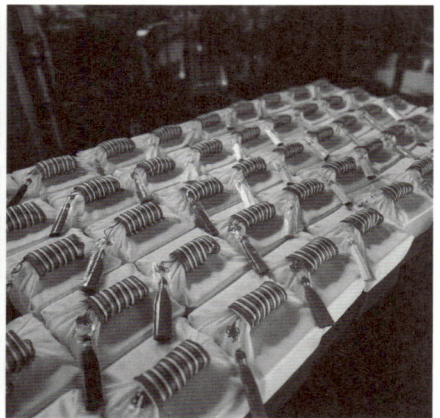

[2,500장의 색동 조각 작업]　　　[자투리로 개발한 색동 조각보 세트]

는 꿈이 자라났다.

그러던 중 굿즈 공모전 공지가 올라왔다. 당선을 목표로 했다기보다, 본사 MD의 눈에 띄어 협업 제안을 받고 싶다는 바람이 더 컸다. 나는 '재사용 가능한 친환경 광목 보자기'를 콘셉트로 한 작품을 제출했고, 예상치 못한 놀라운 결과를 얻었다. 대상을 수상한 것이다. 상금 200만 원과 함께 본사 공식 계정에 소개되자, 전국의 카운슬러들로부터 DM이 쏟아졌다.

가장 뜨거운 반응을 얻은 것은 설화수의 상징색인 주황색 모시 보자기였다. 방문 판매 채널에는 공식 굿즈가 지급되지 않다 보니, '직접 만들어 달라'는 요청이 이어졌다. 첫 주문에서 원단 한 롤이 전량 소진

됐고, 이후 재주문이 반복되며 롤 단위 발주가 점점 늘어났다. 주황색을 메인 컬러로 사용하는 다른 브랜드에서도 주문이 들어왔고, 그중에는 '한우계의 에르메스가 되고 싶다'라며 명절마다 수십 장씩 주문해 간 프리미엄 정육점 사장님도 있었다.

아이러니하게도, '아모레 카운슬러'라는 '부캐'가 아니었다면 이 길은 열리지 않았을지 모른다. 내가 가장 잘 이해하는 고객에게, 가장 필요한 해결책을 제시했을 뿐인데 시장이 먼저 화답했다. 작은 기회라도 놓치지 않고, '팔릴 만한 제품만 만든다'라는 원칙을 지켜온 결과, '데일리보자기'의 제품군은 한층 더 단단해질 수 있었다.

[실크스크린 친환경 설화수 보자기 제작, 설화수 모시 보자기 맞춤 제작]

작은 공방이
대량생산 공장을 이기는 법

무턱대고 값을 낮추던 시대는 이미 저물었다. 수공예품의 가치를 스스로 깎는 할인은 장기적으로 보면 득보다 실이 크다.

나도 처음엔 보자기 가격이 비싸다고 느꼈지만, 직접 만들어 보며 그 값어치를 실감하게 되었다. 원단을 고르고, 재단하고, 마감까지 손으로 완성하는 과정에는 시간과 노력, 그리고 장인의 혼이 스며 있다. 하루 생산량이 제한된 작은 공방은 대량생산품과 같은 가격으로 경쟁할 수 없다. 그러나 이 한계는 곧 차별화된 힘이 된다. 공장에서는 불가능한 '한 사람을 위한 제작'이 가능하기 때문이다.

'맞춤 보자기'라는 방향 전환은, 가격 경쟁에서 벗어나기 위한 전략적 선택이었다.

대형 패스트푸드와 동네 수제버거의 차이를 떠올리면 이해가 쉽다. 나는 '규모의 경제' 대신, '품질과 맞춤 서비스'를 택했다.

오늘날 우리는 무한 경쟁의 시대에 살고 있다. 해외 직구 사이트에는 믿기 어려운 가격의 상품이 넘쳐나고, 대형 할인점의 선반은 저가 제품으로 가득하다. 심지어 보자기를 흉내 낸 디자인까지 대량생산되어 쏟아진다. 이럴 때 필요한 건 현실 한탄이 아닌, 틈새를 발견하는 눈이다.

위기는 언제나 기회의 또 다른 얼굴이 된다. 공장이 할 수 있는 일을 따라 하기보다, 그들이 할 수 없는 일을 찾아야 한다.

예를 들어, 보자기에 인쇄를 넣는 작업은 공장도 할 수 있다. 단, 최소 주문 수량이 대개 1,000장을 넘어야 한다. 여기서 작은 공방의 기회가 열린다. 100장 이하 소량 제작이 가능하다는 것은 강력한 경쟁력이다.

사례는 분명하다. 한 연예인 팬클럽이 생일 기념으로 50장의 특별 보자기를 주문했다. 대형 업체라면 거절했을 물량이지만, 작은 공방은 흔쾌히 응했다. 팬들의 세세한 요구까지 반영된 보자기는 높은 만족도를 끌어냈다. 산악회 기념 손수건 역시 같은 맥락이었다.

또한 소상공인에게는 대량 주문 방식이 부담스러울 수 있는데, 미리 저렴한 금액으로 소량 샘플을 제작하고 반응이 좋으면 추가 주문할 수 있다는 것도 큰 장점이었다.

이처럼 대량생산 라인에서는 불가능한 정성이, 작은 공방에서는 가능했다. 그렇게 시작된 소규모 주문은 입소문을 타고, 비슷한 니즈를 가진 단체의 의뢰로 이어졌다.

오늘날 소비의 흐름은 분명하다. 하나는 '나만의 것을 찾는 개성화',

다른 하나는 '스토리를 소비하는 가치 소비'다. 따라서 가격 전략도 유연해야 한다. 기본 제품에는 합리적인 가격을, 맞춤 제작에는 프리미엄을 더하는 방식이 효과적이다.

중요한 것은 가격표가 아니라, 제품에 깃든 이야기를 함께 전하는 일이다.

가격을 책정할 때는 단순한 재료나 인건비, 시간 비용만이 아니라 디자인 가치와 희소성까지 고려해야 한다. 맞춤 제작이라면 상담, 샘플 제작, 수정에 드는 보이지 않는 비용까지 반영해야 한다. 작은 공방일수록 무리한 할인은 금물이다. 그것은 가치를 스스로 깎는 행위이며, 결국 지속 가능성을 해치는 길이다. 정당한 가치를 제시하고, 합당한 대가를 받는 길만이 공방을 살린다.

트렌드를 앞서 읽는 감각

2년 전, '데일리보자기'의 보자기 제작은 결정적인 전환점을 맞이했다.

보자기를 친환경 포장재로 내세웠지만, 많은 소비자가 포장을 풀자마자 그대로 버리곤 했다.

"보자기 가방으로 만들어 재활용해 보세요."라는 제안은 손재주 있는 일부 사람에게나 통했다.

고민 끝에 나는 광목 면 원단으로 손수건이나 행주처럼, 일상에서

[핸드메이드 도자기업체 '스튜디오핸즈'의 패키지 시제품 콜라보]

다시 쓸 수 있는 '진짜 다회용 보자기'를 만들기로 했다.

때마침 친환경·제로 웨이스트 흐름이 거세지며, 일회용품보다 다회용품을, 플라스틱보다 천연 소재를 선택하는 소비자가 많이 늘어났다.

광목 보자기는 그 변화의 한가운데에 있었다. 시장 조사를 해 보니, 광목 보자기를 생산하는 기존 공장들은 소량 인쇄 서비스를 제공하지 않았고, 저가 보자기를 판매하는 온라인몰들 역시 광목 제품은 취급하지 않았다.

직접 제작해 보니, 같은 기계를 사용하더라도 한복 원단과 광목 보자기는 공정이 완전히 달랐다. 특히 광목은 먼지가 많이 발생해, 별도의 전문 설비가 필요했다.

그제야 알게 되었다. 광목 전문 업체와 일반 보자기 업체는 처음부터 다른 구조로 운영되고 있다는 사실을.

바로 그 틈새에서 가능성을 보았다. 실크스크린 기법과 광목 보자기를 접목해 '친환경 보자기'라는 새로운 키워드로 아무도 시도하지 않은 블루오션을 발견한 것이다. 경쟁자 없이, '데일리보자기'만의 방식으로 '진짜 데일리한 보자기'를 선보이기 시작했다.

변화는 곧 성과로 이어졌다. 기존 보자기를 '손수건 굿즈'로 재해석해 출시하자, 이전보다 두 배 높은 가격에도 반응이 뜨거웠다. 같은 제품이라도 시대의 언어를 입히면 전혀 다른 가치로 재탄생할 수 있다는 사실을 다시 한번 확인했다. 나는 '포장재'라는 틀을 벗어나 이렇게 선언했다. "단 한 장의 그림이라도, 손수건에 정성껏 인쇄해 드립니다."

그 결과, 그림책 작가의 일러스트를 담은 전시회 굿즈, 아이 이름을 수놓은 어린이집 휴대용 고리 손수건, 독창적인 캐릭터가 그려진 디자인 손수건 등 다양한 주문이 이어졌다.

2030 세대를 겨냥한 친환경 전략은 탁월했다. 업사이클링 보자기나 플라스틱을 대체하는 선물용 천 포장재는 높은 가격에도 꾸준히 팔려 나갔다. 환경을 생각하는 소비자에게는 가격보다 가치가 더 중요한 기준이었기 때문이다. 공방 운영의 본질은 틈새를 포착하는 안목에 있다.

사회의 변화를 읽고, 고객의 마음을 이해하며, 매일의 상담 기록과 시장 조사, 트렌드 분석을 성실히 쌓아야 한다.

"작은 관찰이 결국 큰 기회를 만든다."

['터프팅공방' 콜라보 작업]

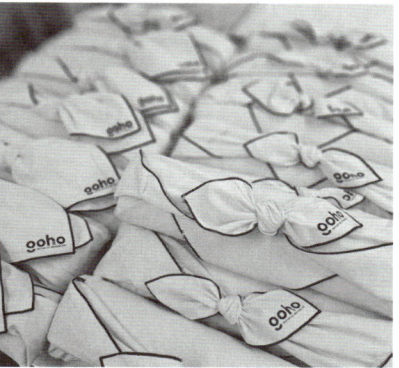
[인테리어업체 굿즈 포장]

[그림책 작가님의 전시회 굿즈]

[일러스트 작가님의 손수건 굿즈]

여기서 잠깐, 실전 팁!

'데일리보자기'의 장사 잘되는 1년 시즌 계획표

보자기 공방은 일반 소매 매장이나 잡화점들과는 달리, 시즌 준비를 두세 달 먼저 시작해야 한다. 대부분 도매나 납품 형태의 주문이 많기 때문에, 시즌 한 달 전에 판매를 시작하는 다른 업종들과는 준비 타이밍이 다를 수밖에 없다. 특히 거래처 사장님들이 시즌 제품을 만들고 패키지를 준비하기 전, 새로운 포장 방식이나 신상품 보자기에 대한 관심이 높아지는 시점이 바로 두세 달 전이다.

한 해를 통틀어 가장 매출이 큰 시즌은 설날, 5월 가정의 달, 추석이다. 이 외의 시기에는 플리마켓이나 박람회, 기업 행사 등에 사용할 보자기 주문이 주를 이룬다.

소매 판매 기준으로는 1~3월이 색동 보자기의 피크 시즌이다. 돌잔치가 가장 많은 시기이기 때문이다. 여름철은 전통적으로 공방의 비수기이지만, 오히려 이 시기를 '단디백' 판매와 8월에 열리는 대규모 핸드메이드 박람회 준비로 채워간다. 정해진 시즌마다 미리미리 준비하다 보면, 어느새 1년이 훌쩍 지나간 듯한 기분이 들기도 한다.

남들보다 먼저 움직이는 이 습관 덕분에, 매해 시즌별 보자기 판매량은 꾸준히 증가해 왔다. 업종마다 잘되는 시기라는 것이 따로 있겠지만, 보자기 공방처럼 다양한 수요층이 얽힌 구조에서는 모든 시즌을 공략하기보다는 '선택과 집중'이 중요하다.

예컨대 화이트데이나 발렌타인데이, 크리스마스처럼 일반적인 시즌은 '데일리보자기'와는 결이 다소 어긋난다. 아무리 일상적인 보자기를 내세워도, 그 시즌에 적합하지 않으면 소비자에게 선택받기 어렵다. 그래서 그런 시즌은 과감히 포기하고, 보자기와 어울리는 수요 중심의 시즌에 집중하는 것이 훨씬 효율적이다.

예를 들어, 마케팅할 때도 '크리스마스 선물 포장'보다는 '연말 VIP 선물', '기업 감사 선물',

'연말 프리미엄 포장'처럼 보다 실용적이고 품격 있는 방향으로 접근해야 보자기와 더 잘 어우러진다.

비수기를 없애기 위해 꾸준히 노력해 온 덕분에 어느 정도 안정적인 연중 운영이 가능해졌지만, 그럼에도 8월 초는 상대적으로 한가한 시기다. 그래서 대년 이 시기에는 수강생들과 함께 대규모 핸드메이드 박람회에 참가한다. 바쁘게 준비해야 할 일들이 많아지면서 자연스럽게 비수기의 공백도 메워진다.

이처럼 온·오프라인을 넘나들며 '데일리보자기'를 알리기 위한 발걸음은 앞으로도 계속될 것이다.

장사는 하루하루의 결과이기도 하지만, 한 해를 내다보는 안목과 타이밍의 싸움이기도 하다. 누구보다 먼저 준비하고, 누구보다 오래 기억되는 브랜드가 되기 위해 오늘도 나는 다음 시즌을 생각한다.

	1월	2월	3월	4월	5월	6월
월간 주요 시즌	돌잔치 시즌 / 색동 보자기 판매 집중	돌잔치 시즌 / 색동 보자기 판매 지속	돌잔치 시즌 마무리 / 가정의 달 준비 /	가정의 달 준비 / 도매 납품 시작	가정의 달 선물 포장 시즌	추석 상품 기획 / 거래처 상담 시작
비고	1~3월: 돌잔치 수요가 많은 시기	수요 대응용 보자기 재고 확보	봄 시즌 마케팅 콘텐츠 기획 및 제작	거래처와의 사전 소통 및 샘플 제안 시기	1년 중 가장 분주한 시즌	거래처별 맞춤형 패키지 기획 제안

	7월	8월	9월	10월	11월	12월
월간 중요 시즌	추석 납품용 보자기 제작 / 비수기 관리	추석 준비 / '단디백' 판매 + 핸드메이드 박람회 참가	추석 시즌 마무리 / 기업 선물 시즌 준비	연말 시즌 콘텐츠 제작 / 소매 마케팅 강화	VIP 선물, 연말 감사 선물 포장 집중 판매	다음 해 설날 시즌 준비 / 신년 보자기 기획
비고	브랜드 콘텐츠 강화 및 사전 예약 유도	박람회용 콘텐츠 준비, 수강생과 공동 참가 기획	남은 재고 활용, 연말 대비 상품 기획	블로그, 유튜브 등 채널 콘텐츠 집중 강화	프리미엄 보자기 패키지 제안	명절 대비 재고 확보 및 선주문 유도

PART 4

장사꾼과 사업가 사이, 그 어딘가

BMW/GUESS와의 협업 비결

"성공보다 생존이다."

토스 창업자 이승건 대표의 말이다. 누군가 그에게 사업 성공 비결을 묻자, 그는 "운이 좋았어요."라고 답했다. 기대와는 달리 다소 허탈한 대답일 수 있었지만, 나는 그 말에 깊이 공감했다. 그는 여기에 "사업가의 95%는 중도에 포기하고, 5%는 운이 올 때까지 자리를 지킨다."라는 말도 덧붙였다.

대기업과 협업할 수 있었던 이유도 결국 여기에 있었다. 특별한 기술이 있었던 것이 아니라, 운이 올 때까지 묵묵히 버틴 덕분이었다.

창업 3년 차, 낮에는 공방을 운영하고 밤에는 식당에서 서빙 아르바이트를 하며 생계를 이어가던 시절이었다. 그 어느 때보다 막막하던 시절, 오아시스 같은 기회가 찾아왔다.

"보자기 가방 키트 200개를 구매할 수 있을까요?"

국가기관 담당자가 보낸 메일을 읽는 순간, 심장이 요동쳤다. 카드값을 간신히 감당하던 작은 공방에 찾아온 인생 최대의 주문이었다. 설렘과 두려움이 교차했지만, 놓칠 수는 없었다.

블로그 덕분에 대량 주문 문의는 간혹 들어왔지만, 대부분은 견적만 받은 뒤 연락을 끊기 일쑤였다. 중국산 대량생산 제품과는 가격 경쟁이 되지 않았기 때문이다. 그래도 나는 매번 성실히 견적서를 작성했고, 이번에도 예외는 아니었다. 그러나 이번에는 반응이 달랐다. 가격 흥정 대신 구성품 변경 요청이 들어왔고, 실시간으로 샘플을 주고받으며 담당자의 요구를 하나하나 파악했다. 끈질긴 소통 끝에 500만 원 규모의 계약이 성사됐다.

기쁨도 잠시, 첫 난관은 결제 방식이었다. 납품 후 결제라는 조건 탓에, 재료비 100만 원을 마련할 현금이 없었다. 가족에게 손을 벌려 재료를 구매했고, 밤낮없이 작업에 매달렸다. 완성된 제품을 친구의 차에 실어 직접 납품하던 날, 담당자는 빠른 피드백과 성실한 대응에 감동했다며 다음 해 재주문을 약속했다. 신뢰는 어떤 광고보다 강력했다.

기적은 연달아 찾아왔다. BMW 행사를 맡은 광고대행사로부터 로고를 넣은 보자기 200개와 답례품 포장 의뢰가 들어온 것이다. 이미 큰 주문을 진행 중이었지만, 두 기회를 모두 잡기로 마음먹었다.

'어떻게 하면 마음에 들게 제작할 수 있을까.' 고민 끝에, 의뢰받은 날

바로 샘플을 제작해 택배로 발송했다. 두 종류의 샘플은 광고주의 마음을 단숨에 사로잡았다.

그들에게 연락을 받게 된 비결은, 작은 작업이라도 빠짐없이 기록해 온 블로그 포스팅이었고, 기회를 실제로 잡아낸 비결은 담당자와의 빠르고 적극적인 소통이었다.

BMW에서 주문한 머그컵 200개를 포장하는 과정에는 남편과 네 살배기 아들, 그리고 지인들까지 총출동했다. 작은 공방은 잠시나마 소규모 공장으로 변신했다. 극한의 피로 속에서도 '불가능해 보였던 일을 해냈다'라는 성취감이 온몸을 채웠다.

수업이 아닌, 순수 제품 납품만으로 천만 원 매출을 달성한 역사적인 순간이었다. 더욱 의미 있었던 것은, 두 건의 거래 모두 블로그를 통해 들어온 문의였다는 사실이다.

바쁘든 한가하든 꾸준히 올린 기록이 결국 결실을 맺었다. 이 성공담을 다시 블로그에 게시하자, GUESS으로부터 임원진 연말 선물용 로고 보자기 제작 의뢰가 이어졌다. 이후 게임회사, 인테리어업체 등 다양한 기업에서 소량부터 대량까지 주문이 들어왔고, 유튜브 인터뷰 요청도 받게 되었다. 작은 불씨가 큰 불길로 번지는 순간이었다.

매일 조금씩이라도 기록을 남기는 습관이 기회를 끌어당겼다. 피곤하거나 바빠서 포기하고 싶을 때마다, 나는 초심을 떠올렸다. 위기의 순간마다 도전을 선택했고, 그 과정을 성실히 기록으로 남겼다.

이렇게 쌓인 신뢰가 결국 대기업 및 국가기관과의 협업으로 이어졌다. '작은 공방'이라는 한계를 넘어 브랜드의 가치를 인정받게 된 것이다.

"포기하지 않고 꾸준히 버틴다면,
운은 언젠가 기회의 옷을 입고 우리 앞에 찾아온다."

[국가기관 보자기 가방 키트]   [BMW 답례품 포장]   [반도체 기업 ASML 보자기]

[숙명여대 보자기]   [평택 YWCA 손수건]

장인이 될 것인가,
돈을 벌 것인가

"너무 예쁘다. 이거 잘 팔릴 것 같은데요?"

처음엔 그 말이 전부인 줄 알았다. 지인들의 칭찬에 들뜨고, 주변의 호의에 기대면 왠지 잘 풀릴 것만 같았다. 하지만 창업을 시작하고 나서야 알게 됐다. 그 칭찬은 때로 달콤한 독이 될 수 있다는 것을.

공예품을 선물 받은 지인의 반응은 언제나 따뜻했다. 그러나 무료로 받는 선물과 돈을 주고 사는 제품은 전혀 다른 세계였다. 칭찬을 아끼지 않던 사람들도 가격표가 붙는 순간 망설였다. "다이소에서 더 싸게 팔던데…."라는 말 한마디에 마음이 무너지기도 했다. 현실의 벽은 생각보다 훨씬 더 높고, 단단했다.

취미가 일이 되는 순간, 즐겁지만은 않다. 매출이 나지 않으면 즐거움도 반감된다. 반대로 매출이 나기 시작해도, 반복되는 제작에 지치고 창작의 자유를 잃는 순간 회의감이 밀려온다. 새로운 작품을 만들고 싶은 마음과 현실적인 수익 사이에서 흔들리는 것이다.

수익을 창출하려면, 패러다임 전환이 필요했다. 기술 연마에만 몰두할 것이 아니라, 마케팅과 홍보에도 집중해야 했다. 하지만 많은 사장님이 수익이 부족하면 새로운 공예를 배우는 일로 방향을 튼다. 그 결과, 토탈 공예로 확장하고, 자격증을 따고, 재료를 사는 데 수익을 쏟아붓는 악순환에 빠진다.

물론, 투자 없는 수익은 없다. 그러나 유행만 좇아 이것저것 배우는 일은 결국 수익은커녕 지출만 늘어나는 결과를 낳는다. 지금 내가 하는 공예에서 크게 벗어나지 않는 선에서 새로운 아이템을 접목하는 건 괜찮지만, 계속 배우기만 하다 보면, 정작 '내가 무슨 일을 하는 사람인지' 설명조차 어려워진다.

특히 자금난을 대출로 메우며 연명하는 일은 반드시 피해야 한다. 대출보다는, 감당 가능한 선에서 비용을 책정하고 사업을 시작하는 것이 현명하다. 운영이 어려울 땐 잠시 숨을 고르는 것도 괜찮다. 공방을 정리하고, 홈 공방으로 전환하는 것도 방법이다.

하지만 반대로, 처음부터 '집에서만 해 보자'라고 생각하면 성장은 더뎌진다. 오프라인 매장은 큰 부담이었지만, 나에겐 강력한 동기부여였다. 힘들어도 공방을 끝까지 지켜내려 했던 노력이, 결국 지금의 나를 만들어 주었다.

공간이 있다는 사실만으로도 수업과 판매에 신뢰가 생겼고, 인테리어에 투자한 비용은 수강료와 제품 가격을 당당하게 책정할 수 있는 근거가 되었다. 이제 나는 취미로 부업을 하는 사람이 아닌, 사업을 운영하는 한 회사의 대표가 되었다.

조언은 고객에게, 시장은 내 발로

주변 사람에게 조언을 구하지 말자. 조언을 들을 사람은 고객이다.

요즘 20대, 이른바 MZ 세대가 가장 구매력이 높다고 한다. 나의 20대 시절을 돌이켜보면, 꼭 필요해서가 아니라 그냥 예쁘고 귀엽다는 이유만으로 구매했다. 반면 지금은, 아이 엄마가 되어 실용성 없는 제품엔 손이 가지 않는다.

그런데 내가 만드는 제품이 20대에게 어필하는 제품임에도 나 같은 실용파 엄마에게 "이거 팔릴까?"라고 물어보는 건 의미가 없다. 그러니 고객이 아닌 사람에게 조언을 구하지 말자.

도자기업체를 운영하는 한 사장님은 40대였지만 '반려 돌멩이'를 만들어 20대 고객에게 폭발적인 반응을 얻었다고 했다. 나는 처음엔 '반려 돌멩이? 돌멩이를 돈 주고 누가 사?'라고 생각했지만, 실제로는 열광하는 시장이 분명히 존재했다.

내 생각만이 정답은 아니다. 모두 각자의 고객이 있다. 관심 없는 주변 사람에게 물어볼 시간에, 온라인에 내놓고 고객의 반응을 직접 보는 것이 훨씬 정확하다.

집에서 내가 좋아하는 것만 만드는 일은 취미로 남기자. 돈을 벌고 싶다면, 내가 좋아하는 것만 할 수는 없다. 공방 사장님이 되기 위한 실전 훈련이 필요하다.

장사꾼의 기질, 사업가의 시야

많은 공방 사장님이 '장인'이라는 자부심으로 모든 공정을 혼자 감당한다. 기술을 빼앗길까 두렵고, 인건비를 아끼고 싶은 마음도 크기 때문이다.

완성도 높은 결과물이 나온다고 해도 막상 시장에 내놓으면 다이소의 저가 상품과 비교당하는 현실이 기다리고 있다. 카피가 두려워 작품 사진조차 올리지 못하면 그새 판매 기회는 사라진다.

아무리 좋은 제품이라도, 알려지지 않으면 존재하지 않는 것과 같다. 이는 핸드메이드 업계가 공통적으로 겪는 딜레마다. '내가 예쁘다고 생각하는 제품'만 고집해서는 수익을 내기 어렵다. '내가 만들고 싶은 것만 만든다'라는 태도는, 장인으로 남겠다면 몰라도, 사업가로서의 길에서는 접어야 한다.

보자기 창업의 길잡이가 되어 준 스승님은 어느 날 내게 말했다.

"선생님은 사업가라기보다 장사꾼에 가깝습니다. 나쁜 뜻이 아니라, 좋은 의미예요."

장사꾼과 사업가는 무엇이 다를까? 오늘의 매출에 목숨 거는 이는 장사꾼, 내일의 시장을 설계하는 이는 사업가다.

스승님은 체계화와 정리에 능했고, 나는 영업과 실행력에 강했다. 스승님은 자료를 정리하고 프로세스를 만들었지만, 나는 생각이 떠오르면 일단 팔고 보는 스타일이었다. '일단 해 보고, 나중에 고친다'라는 게 내 방식이었다.

판매를 먼저 시작하고, 현금 흐름을 가장 먼저 확보하려 했다. 수강생이 "이 보자기는 얼마에 팔아야 하나요? 이 정도 가격이면 괜찮을까요?"라고 물으면 나는 "그 가격 그대로 파세요."라고 답했다. 복잡하게 계산하는 것보다, 빨리 경험하는 것이 중요했기 때문이다.

반면 스승님은 수익 계산부터 재료 단가, 작업 시간까지 일일이 분석해 그 가격이 나오는 이유를 설명해 주었다. 내겐 다소 어려운 수업 방식이었지만, 덕분에 배울 것도 많았다.

정답은 없다. 당장의 생계를 책임져야 했던 나는 장사꾼에 가까운 실전형이었고, '완벽'보다는 '실행'을 앞세웠다. 그렇게 저돌적인 정신으로 시작한 나는 조금씩 사업가의 틀을 갖춰 갔다.

스승님도 내 방식대로는 도저히 못 하겠다고 하셨지만, 불도저 같은 추진력만큼은 높이 평가해 주셨다.

방법은 달라도, 방향은 같았다. 우리는 각자의 속도로, 각자의 방식으로 살아남았고 지금도 그렇게 앞으로 나아가고 있다.

무인 공방의 시작,
문 닫힌 날의 대안

 일반적으로 사업이라면 업무를 분업화해 사장이 자리를 비워도 돌아가는 구조를 갖추는 것이 이상적이다. 하지만 당시의 나는 마케팅부터 영업, 제작까지 모든 일을 직접 처리하고 있었다. 공방을 연 시점에 아이는 겨우 두 살이었음에도 기관에 맡겨야 했고, 제대로 면역력이 형성되기도 전이라 일주일에 한 번꼴로 아팠다. 수업이 있는 날에 장염에 걸려 어린이집에 가지 못한 적도 많았다. 다행히 수강생 대부분이 아이를 키우는 입장이라 상황을 이해해 주었지만, 영업시간은 오전 10시부터 오후 5시까지만 가능했고, 공휴일은 모두 쉬어야 했다. 아이 방학에는 일주일씩 공방 문을 닫아야 했으니 "건물주 딸이라 여유롭나 보네." 하는 소문까지 돌 정도였다. 확장 이전한 공방에서는 건물주께서 "손님이 없어서 어떡하냐?"고 걱정하실 정도였다.

보자기 배달과 영업, 출강으로 공방을 비우는 날이 잦다 보니, 찾아온 고객이 헛걸음하는 일이 반복됐다. 어느 날 며칠 만에 문을 열자, 한 고객에게 "왜 이렇게 문을 자주 닫냐?"라며 꾸중을 듣기도 했다. 그러자 '내가 없어도 공방을 돌아가게 할 수는 없을까?'라는 고민이 깊어졌고, 직원을 두기 어려운 현실에서 뭔가 변화된 운영 시스템을 모색하기 시작했다. 외부 출강이 늘자 매장의 문을 도어락으로 바꾸고 CCTV를 설치했다. 택배 기사님들과 친분을 쌓아 내가 없을 때는 물건을 안으로 넣어 달라고 부탁했고, 거래처 사장님들에게는 도어락 비밀번호를 알려드리고 필요한 보자기를 직접 챙겨 가도록 했다. 소위 아날로그식 무인 공방이 된 셈이었다.

얼굴 없는 거래, 신뢰로 완성된 유통

아이의 방학 기간에 주문이 들어오면 거래처에 연락해 대신 발송을 부탁했고, 나는 오직 전화 한 통만으로 매출을 올렸다. 여행 중에도 거래가 성사되는 경험은 새로웠다. 평일에 놀이공원을 가느라 휴가를 낸 날, 예약 공지를 보지 못한 직장인 고객이 공방 앞에서 전화를 걸었다. 퇴근 후 다시 오기 어렵다며 아쉬워하자, 나는 비밀번호를 알려줄 테니 제품을 두고 가면 다음 날 포장한 사진을 보내드리겠다고 했다. 고객은 감사하다며 제품을 맡기고 갔고, 다음 날 포장을 마친 사진을 전송했다.

그 후 고객은 다시 빈 가게를 찾아와 제품을 찾아갔고, 비용은 계좌로 입금했다. 얼굴 한 번 보지 않고도 거래가 이루어진 순간이었다.

또 다른 날에는 늦은 밤 보자기를 찾으려는 고객의 물건을 근처 친한 사장님 카페에 맡기기도 했다. 급하게 퀵서비스로 보내야 하는 보자기가 있어서, 친한 사장님이 공방에 대신 들러 영상 통화로 재고를 보여주고 퀵서비스도 대신 보내주셨다. 고객과 주변 사장님과의 신뢰가 있었기에 가능한 일이었다.

〈'데일리보자기'만의 아날로그 무인 공방 운영법〉

항목	내용
출입 방식	도어락 설치 + 비밀번호 공유
배송처리	택배 기사님 협력, 거래처 발송 대행
고객 응대	CCTV 확인 + 비대면 포장 사진 전송
긴급 수령	인근 상점에 위탁, 영상 통화로 재고 확인 및 퀵 발송
결제 방식	계좌이체, 현장 수령

시스템 없이 버티는 데는 한계가 있다

임시방편으로도 영업이 이어지는 것이 신기했지만, 이는 지속되지 않았다. 제대로 된 시스템과 사장이 부재중일 때 대신할 직원이 필요하다는 사실을 절실히 깨달은 것이다. 몇 년 뒤에는 직접 매장에 나가 있지 않아도 아이를 돌보며 휴대전화 하나로 운영할 수 있는 구조를 반드시 만들겠다고 다짐했다.

시스템이 굴러가야 사업이다. 제품 아이디어는 내가 직접 개발하되, 수강생을 양성해 '내가 없어도 돌아가는 공방'을 만드는 것이 목표였다. 한 성공 서적에서 읽은 문장이 뇌리에 깊게 박혔다.

"사장이 없으면 멈추는 것은 장사이고,
사장이 없어도 굴러가면 사업이다."

모든 일을 혼자 떠안으면 자리를 비울 수도, 생산량을 늘릴 수도 없다. 취미로 시작한 일이 아니기에 매출은 곧 생존이었다. 사업 초기에는 하나부터 열까지 혼자 처리했지만, 집에서는 육아, 공방에서는 육체노동이 이어져 결국 몸이 버티지 못했다. 게다가 아이가 곧 초등학생이 되면 부모의 역할이 더 많아지기에, 그 시간에도 차질 없이 돌아가는 매장을 만들고자 오랫동안 고민해 왔다. 이제 '보자기를 단순한 장사가 아닌, 지속 가능한 사업으로 만드는 법'을 본격적으로 모색하기 시작했다.

혼자가 아닌, 함께해야 브랜드가 된다

"사람은 로봇이 아니다. 하루 24시간 혼자 몸을 갈아 넣어 벌 수 있는 수익은 월 500만 원이 한계다."

예전 책에서 봤던 이 문장이, 사업 3년 차가 된 지금에야 가슴 깊이 와닿는다. 과거 화장품 예단 시절, 한 달 내내 쉬지 않고 일해도 최고 수익은 500만 원이었고, 그때도 도와주는 친구가 있었다. 이제는 광목 보자기 전문 브랜드라는 타이틀을 달고, 제조까지 겸하게 되면서 일의 범위는 기하급수적으로 늘어났다. 납기를 맞추기 위해 쪽 가위로 끝마감을 도와주는 단순 작업의 인력이라도 필요했다. "언제든 도와줄 테니 불러 달라."는 수강생도 생겼지만, 정작 필요한 순간에는 오지 못하거나 갑작스레 일이 몰리는 상황에서는 뾰족한 수가 없었다.

함께하던 직원이 떠난 뒤 혼자 남겨졌을 때는 다른 업체에 맡기거나,

시간 되는 지인을 불러 겨우겨우 고비를 넘기기도 했다. 그렇게 성수기를 지나고 나면, 또 다시 믿기지 않을 만큼 한가한 시기가 찾아오곤 했다.

그러던 어느 날, 3년 전 인터뷰 영상을 본 제작자에게서 연락이 왔다. 평택 지역 자영업자를 인터뷰하는 채널에 출연해 달라는 것이었다. 평소처럼 '어떻게든 내 이름이 알려지는 일이라면 마다하지 말자'라는 생각으로 흔쾌히 수락했다. 다만 영상이 두 개밖에 없는 초보 채널이고, 촬영도 주말에만 가능하다니 망설여지기도 했다. 특히 너무나 한가한 시기라 '이 타이밍에 촬영한다고 뭐가 달라질까?' 싶기도 했다. 그런데도 '가만히 있는 것보단 뭐라도 해 보자.'라는 마음으로 촬영을 진행했고, 막상 카메라 앞에 서자 제작자의 진심 어린 반응 덕분에 오랜만에 자존감을 회복할 수 있었다.

그렇게 한 시간가량 인터뷰를 마쳤고, 며칠 뒤 영상이 업로드되었다. 초심자의 행운일까. 이제 막 세 번째로 올라간 내 영상은 조회수가 폭발했다.

나는 영상에서 '창업으로 많은 돈을 벌 수 있다'라는 일반적인 창업주들의 말이 아닌, 오히려 개인회생을 겪으며 어떻게 버텼는지, 창업의 고됨과 살아남기 위해 발버둥 친 이야기를 있는 그대로 풀어놓았다. 오로지 수입만을 내세운 자극적인 영상들에 지친 시청자들은 오히려 진솔한 이야기에서 위로를 받았다고 했다.

놀라운 일은 그다음부터 벌어졌다. 하루에 10통이 넘는 문의 전화, 유튜브를 보고 무작정 찾아오는 손님들, 그리고 "수업을 듣고 싶다."라며 연락하는 예비 창업자들이 쏟아지기 시작했다. '데일리보자기'의 이름이 전국에 알려지게 된 것이다.

그중에서도 가장 기억에 남는 수강생이 있다. 밤새 영상을 반복해서 봤다는 그는, 최근 보이스피싱으로 수천만 원을 잃고 우울증과 무기력감에 시달리던 중, 내 영상을 통해 위로를 받았다고 했다. 수업료가 부담스럽다며 "무슨 일이든 좋으니 일할 기회를 달라."라고 간절히 부탁했다. 이야기를 나누는 도중 눈물을 흘리기도 했다.

그분은 전 직장에서 주로 사무 업무를 맡았고, 컴퓨터 활용에 능했으며, 재봉은 취미로 조금 해 봤다고 했다. 내가 놓치고 있던 부분을 보완해 줄 수 있겠다는 확신이 들었지만, 부천에서 평택까지 왕복 4시간 거리라는 점이 걱정이었다.

마침 한창 바쁘던 시기였다. 통화 도중, 그분은 "지금 바로 가도 될까요?"라고 물었다. 간절함을 시험해 보려는 마음도 있었고, '대면이나 한 번 해 보자'라는 생각에 "네, 언제든 오세요."라고 했더니 정말 두 시간 만에 달려왔다. 그날 작업을 도와준 뒤 우리는 두 시간 정도 더 이야기를 나눴고, 서로에게 필요한 것을 해 주기로 했다. 그렇게 뜻밖의 인연으로 새로운 직원이 생겼다.

무엇보다 감사했던 건, 감당하기 어려울 정도로 일이 몰리던 바로 그 시점에 수호천사처럼 나타나 주었다는 점이다. 그는 미팅도, 주문도, 수업도 훌륭히 소화해 냈다. 실무 수업도 필요에 따라 직접 맡아주었고, 나는 그 덕에 출장도, 수업도 너끈히 소화할 수 있었다.

이제는 분명하게 느낀다. 혼자서는 월 500만 원이 한계였지만, 둘이 되자 수익은 훨씬 더 빠르게 뛰었다. 나를 복제하듯 다양한 일을 분담할 수 있었고, 나는 점점 시스템과 구조에 눈을 뜨게 되었다. 믿을 수 있는 사람과 함께하니, '데일리보자기'는 비로소 '나 혼자 일하는 공간'에서 '함께 성장하는 브랜드'로 진화하기 시작했다.

수많은 실패는 돈 주고도
못 사는 노하우가 된다

    '데일리보자기'를 운영하며 정말 수많은 실패를 겪었다. 그중에서도 가장 뼈아픈 기억은 첫 플리마켓 참가 경험이다. 공방에서 만든 제품 중 시장에 내놓을 수 있었던 건 보자기 가방뿐이었다. 처음 참가한 곳은 어느 맘 카페에서 주최한 플리마켓이었고, 초보 티를 '팍팍' 내며 테이블보와 제품만 겨우 챙겨 나갔다.

    결과는 참담했다. 무려 여섯 시간 동안 자리를 지켰지만, 단 한 개도 팔리지 않았다. 지나가는 사람들은 "예쁘다."라고 말했지만, 아무도 지갑을 열지 않았다. 플리마켓 특성상 육아용품이나 먹거리를 찾는 엄마들이 대부분이었고, 보자기라는 아이템은 그들의 관심 밖이었다. 그 일을 계기로 맘 카페 중심의 플리마켓은 더 이상 나가지 않기로 했다. 혹시나 하는 마음에 지자체 플리마켓에도 몇 번 더 참여해 봤지만, 그곳에서도 보자기는 잘 팔리지 않았다. 예쁘고 귀엽고 저렴한 제품이 주를 이루는 시장 분위기와는 맞지 않았던 것이다.

당시에는 '공방'이라는 좋은 공간을 두고 굳이 밖으로 나간 내 선택이 원망스러웠다. 몸도 마음도 지쳤고, 괜히 고생만 했다는 생각에 멘탈도 바닥을 쳤다. 하지만 그런 경험을 몇 번 하고 나서야 비로소 방향이 보이기 시작했다. 불특정 다수가 오가는 시장보다는, 보자기라는 아이템에 관심 있는 고객에게 집중하는 것이 훨씬 효율적이라는 것을 알게 되었다.

그러던 어느 날, 함께 플리마켓에 참여했던 공예 사장님들과 자연스럽게 이야기를 나누게 되었다. 처음엔 가벼운 인사로 시작된 대화였지만, 점점 서로의 고민과 현실을 털어놓게 되었고, 그 순간이 내게는 뜻밖의 전환점이 되었다.

이야기를 나누다 보니, 그분들은 자신들의 제품이 가진 매력이나 판매 전략에 대해 명확히 파악하지 못하고 있었다. 대부분 온라인 마케팅에 익숙하지 않았고, 공방도 없이 무거운 짐을 이고 지며, 더운 날이든 추운 날이든 매번 외부 행사장에서 고생만 하고 있었다. 그 모습을 보며 마음 한편이 아려왔다. 그래서 조심스럽지만 진심을 담아 조언을 드렸다. 그러자 몇몇 사장님들께서 내게 수업을 요청하셨다. 보자기 포장 수업이 아닌, 마케팅 수업이었다.

그분들은 내가 겪어낸 시행착오와 좌절 속에서 배운 실전 노하우, 그리고 실패를 극복하며 터득한 운영의 감각을 배우고 싶어 했다. 나 역시 과거에 돈을 들여 마케팅을 배운 적이 있었지만, 현장에서 직접 부딪히며 몸으로 익힌 것들이 훨씬 더 실질적이고 소중하다는 걸 잘 알고 있었다. 그래서 그동안 내가 배워왔던 모든 것을, 이제 막 창업을 시작한 공방 사장님들의 눈높이에 맞춰 쉽게 풀어 전달하기로 했다. 내가 먼저 걸어온 그 험난한 길을, 누군가는 조금 덜 아프게 건너갈 수 있도록.

그렇게 보자기 포장이 아닌 '함께 성장하는 마케팅 수업'이 처음으로 시작되었다. 보자기 판매가 뜸한 비수기에는 이런 식으로 수업을 통해 또 다른 수익을 창출할 수 있었다. 어린이용 DIY 키트를 판매하는 사장님, 반려동물 초상화를 그리는 작가님, 캔들 공방을 운영하는 분 등 다양한 창업자들을 대상으로 1:1 코칭을 진행했다. 당시엔 왕초보 사장님에게 꼭 맞는 실전형 수업을 저렴한 비용에 제공하는 이가 거의 없었기에 반응이 좋았다.

무엇보다도 우리의 공통된 고민은 늘 '어떻게 하면 더 잘 팔릴까'였고, 그 덕분에 각자의 제품이 더 빛날 수 있는 방법을 함께 찾는 일이 즐거웠다. 내 인스타그램 팔로워들과 다양한 인맥을 활용해 제품을 대신 홍보하고, 실제 판매까지 도운 적도 많았다. 받은 금액 이상의 가치를 돌려드려야 한다는 책임감으로, 이론보다는 당장 실전에 도움이 되는 현실적인 전략을 알려드렸다.

그 덕분에 어느 사장님의 제품은, 함께 발로 뛰며 영업한 끝에 평택의 대형 서점에 입점해 판매할 수 있었다. 또 다른 한 분은 블로그 수업을 들은 후 입소문을 타고 전국 각지에서 손님이 찾아오는 공방으로 성장했다. 그렇게 작고 조심스러운 시작은, 뜻밖의 결실로 이어졌다.

어느 날, 평택시에서 주관하는 체험 부스 참여 요청이 들어왔다. 나는 수강생들과 팀을 꾸려 함께 나섰고, 익숙했던 마켓 경험 덕분에 담당자와의 협상도 어렵지 않았다. 재료비와 운영비 역시 충분히 확보할 수 있었고, 실제로 두 시간짜리 행사에서 부스 하나당 50만 원씩 지원받은 적도 있었다.

당시엔 그저 '실패'라 여겼던 일이었다. 아무도 관심을 주지 않던 자리에서 낙심해야 했지만, 오랜 시간이 흐른 뒤에야 알게 되었다.

어떤 실패는, 아주 오래 돌아온 끝에야 비로소 기회의 이름으로 나를 찾아온다는 것을. 그리고 나는 또 한 번 배웠다. 안 될 것 같아서 시도조차 하지 않는 것보다, 직접 부딪히고, 넘어지고, 다시 일어나 겪어낸 경험이 결국 가장 값진 자산이 된다는 사실을.

공방 운영의 지속 가능성을 깨닫기까지

공방 운영은 단순히 손재주나 기술의 문제가 아니었다. 사장의 체력과 정신력이야말로 가장 중요한 자산이라는 사실을 깨닫기까지, 나는 적지 않은 대가를 치러야 했다. 대부분의 공방은 일정한 수입이 없기에

[다양하게 참가했던 플리마켓]

1인 체제로 운영되며, 극단적인 상황을 반복하게 된다. 일이 많으면 체력적으로 힘들고, 일이 없으면 정신적으로 무너진다.

성수기에는 하루 24시간도 모자랄 만큼 바쁘지만, 그렇다고 직원을 고용할 수는 없었다. 성수기는 1년 중 단 두세 달뿐이기 때문이다. 바쁠 때 벌어들인 수익으로 비수기의 고정비를 감당해야 하는 구조였다. 특히 출강이 주 수입원인 공방은 12월부터 2월까지 일이 거의 없는 경우도 많았다. 이 시기를 어떻게 보내느냐가 공방 운영의 성패를 좌우했다. 단순히 시간을 흘려보내는 것이 아니라, 그간 소홀했던 가족과 함께 시간을 보내거나 새로운 것을 배우며 재충전의 시간으로 삼아야 했다.

번아웃은 예고 없이 찾아왔다. 몸은 집에 있어도 머릿속은 온통 사업 생각뿐이었다. 일이 한가해도 마음은 편치 않았다.

'지금 이렇게 아무것도 안 해도 되는 걸까?'
'무언가 잘못하고 있는 건 아닐까?'

자꾸만 채찍질했다. 공방 운영 4년 차가 되었지만, 여전히 이번 달 카드값을 걱정해야 했고, 한가한 시간은 불안감으로 가득했다.

그렇게 앞만 보고 달려왔건만, 빚은 그대로였고 두기력은 점점 더 깊어졌다. 작은 일에도 짜증이 났고, 아무것도 하고 싶지 않았다. 그 짜증은 고스란히 가족에게 향했다. 피곤하다는 이유로 아이를 일찍 재우려 했고, 말을 듣지 않으면 쉽게 화를 냈다. 그러던 어느 날, 아이가 조용히 말했다.

"엄마는 나를 사랑하지 않지?"

그 한마디는 마치 커다란 망치로 얻어맞은 듯, 내 몸과 마음 전체를 흔들었다. 그 순간, 나는 깨달았다. 내가 어디까지 와 있었는지, 무엇을 잃고 있었는지를. 변화가 필요했다.

공방 운영 3년을 넘기자, 일이 한가해지는 시점을 어느 정도 예측할 수 있게 되었다. 나는 그 시기를 미리 준비해 가족과 더 많은 시간을 보내기로 마음먹었다. 일찍 퇴근해 아이와 놀고, 주말에는 함께 이곳저곳을 놀러 다니며 가족에게 짜증을 내지 않도록 노력했다.

일이 없는 날은 재고를 채우거나 새로운 아이디어를 구상하는 시간으로 활용했다. 같은 업종의 지인들과 만나 수다를 떨며 스트레스를 해소하기도 했다. 그렇게 어느새 다시 바쁜 시기가 찾아왔다. 공방에는 흐름이 있다는 것을 이제야 깨달았다. 내가 잘못하고 있었던 것이 아니라, 단지 '시기와 타이밍'의 문제였던 것이다.

그래서 한가한 시기에는 나의 멘탈을 돌보는 데 집중했고, 바쁜 시기에는 체력을 유지하는 것이 관건이었다. 하지만 몸의 신호를 무시한 대가는 컸다. "물 들어올 때 노 저어야 한다."라는 말에 스스로 몰아붙였다. 평소처럼 10시 전에 취침하고 새벽에 일어나는 생활패턴이 무너지자, 건강에도 이상이 생기기 시작했다.

입안의 감각이 무뎌지고 혀에 돌기가 생기며 미각을 잃는 증상이 나타났다. 약을 먹어도 낫지 않던 증상이었지만, 단 이틀 동안 푹 쉬자 거짓말처럼 사라졌다. 어느 날은 귀에서 이명이 들렸고, 수업 중 말을 많이 한 탓에 목소리가 나오지 않는 날도 있었다. 몸은 늘 정직했다. 제대로 돌보지 않으면 결국 일을 멈추게 했다. 한 번 크게 아프고 나서야 깨달았다. 일은 '많이' 하는 것이 아니라, '지속적으로' 할 수 있어야 한다는 것을. 가족과의 시간을 지키고, 운동도 꾸준히 하며 일과 일상의 균형을 맞추는 것이야말로 진정한 지속 가능성이라는 걸.

나의 40~60대 수강생들을 보며 건강의 중요성을 더욱 실감하게 되었다. 열정은 넘쳤지만, 그 열정을 따라주지 못하는 몸이 안타까울 때가 많았다. 한 수강생은 일본 워크숍에 함께 가기로 했지만, 출국을 앞두고 무릎에 물이 차 항공권을 취소해야 했다. 또 다른 수강생은 암 수술 후 거의 완치되었다고 믿었지만, 무리한 활동 끝에 다시 건강에 이상이 생겨 결국 창업의 꿈을 포기해야 했다. 한 40대 후반 수강생은 이제야 아이들을 다 키우고 자신만의 꿈을 펼치려는 찰나, 부모님의 병환으로 모든 계획이 무산되었다. 그들의 이야기를 들으며, 나는 미래의 모습을 보는 것 같았다. 그래서 더욱 내 건강, 가족의 건강에 민감해졌다. 건강검진을 미루지 않고 정기적으로 받기 시작했다. 아무리 뛰어난 능력과 아이디어가 있어도, 건강하지 않으면 소용이 없다는 사실을 이제는 안다.

돈도, 일도 중요하다. 하지만 체력과 정신 건강이 먼저라는 사실을 뼈저리게 깨달았다. 이제는 공방의 계절을 이해하고, 그 흐름에 맞춰 삶의 리듬을 조절한다. 바쁠 때는 최선을 다하되 무리하지 않고, 한가할 때는 그 시간을 온전히 나를 위해 쓰며 충전의 기회로 삼는다.

그렇게 찾아낸 균형이야말로, 공방의 지속 가능한 성장을 이루게 해주는 진짜 힘이라는 것을 나는 믿게 되었다.

경쟁자가 있어야
시장도 성장한다

모든 업계가 그렇듯, 공예 분야 역시 '카피'는 고질적인 문제다. 공방을 운영하다 보면 자연스레 다양한 공예인과 인스타그램으로 연결되는데, 가끔 그들 사이에서 서로를 비난하는 글을 보게 된다. "내 디자인을 따라 했다.", "내가 원조다." 하는 주장들이다. 요즘은 아예 중국에서 똑같이 복제된 제품이 유통되면서 카피 문제가 더욱 심각해졌다.

작은 기업의 기술을 대기업이 무단으로 가져가거나, 디자인 특허가 있어도 살짝만 변형하면 법적인 문제가 되지 않는 구조도 심각하다. 우리나라에서는 유독 이런 문제가 자주 도마 위에 오른다. 하지만 그런 문제를 공개된 계정에서 끌어내어 비난하거나 마녀사냥을 하는 건 옳은 방식이 아니다. 소비자들이 이 지저분한 과정을 다 보게 되기 때문이다.

보자기 공방을 하며 나 역시 수많은 '따라쟁이'들을 봐왔다. 그러나 이상하게도 그런 사람들은 시간이 지나면 자연스럽게 사라졌다. 왜 일까? 이 제품을 왜 만들었는지, 어떻게 해야 더 잘 팔리는지를 가장 잘 아는 사람은 결국 그 제품을 처음 만든 사람, 바로 창작자이다. 겉모습만 흉내 내는 이들은 오래갈 수 없다. 예쁘고 잘 팔릴 것 같다는 이유로 무작정 따라 하는 것에는 깊이가 없기 때문이다.

한 번은 디자인 특허를 등록해 보려 변리사에게 상담을 받은 적이 있다. 상품 출시 후 1년 안에 등록해야 하며, 1건당 비용은 약 40만 원이라는 안내를 받았다. 1인 공방에서 만드는 제품 하나하나를 모두 특허로 등록하기란 현실적으로 불가능했다. 유행은 빠르게 지나가고, 오히려 시간이 지난 후에 뒤늦게 히트 치는 경우도 많기 때문이다.

그래서 나는 매번 새로운 제품을 개발해 시장에 다시 던지는 방식을 택했다. 창작자는 언제든 다시 만들 수 있다는 믿음이 있었고, 그 믿음은 오히려 나를 더 자유롭게 만들었다.

경쟁자가 있는 시장이 오히려 건강하다는 이야기를 들은 적이 있다. 카페가 모이면 '카페 거리'가 되고, 맛집이 몰리면 '맛집 골목'이 되듯, 비슷한 업종이 모일수록 선의의 경쟁이 가능하고 함께 성장할 수 있다. 실제로 평택에는 '데일리보자기' 외에 다른 보자기 공방이 없었고, 근처 지역에도 마땅한 경쟁자가 없어 처음에는 오히려 다행이라 여겼다. 그러던 중, 인근에 보자기 공장이 들어온다는 소식을 들었다. 걱정이 앞섰지만, 주변 사람들은 "각자 고유의 고객이 있고, '데일리보자기'만의 색깔이 있으니 걱정하지 않아도 된다."라고 말해 주었다. 그제야 마음이 놓였다. 경쟁자라고 해도 도움을 받을 수 있는 동종업계의 동반자의 관계로 그들을 찾을 수 있기에, 오픈한 매장에는 먼저 인사를 드리러 가기도 했다.

처음엔 그 공장에서 주력으로 판매하는 보자기 제품과 겹치는 것이 많아 불안했지만, 결과적으로 내 기존 거래처를 빼앗기거나 피해를 본 일은 없었다. 오히려 급한 주문이 밀릴 때는 그곳에 공임을 맡길 수 있어서 더 편했다.

이 일을 계기로 나는 결심했다. '같은 아이템'이 아니라, '나만의 무기'를 찾아야겠다고. 그때부터 '데일리보자기'만의 색을 더 깊이 고민하기 시작했고, 시간이 흐를수록 각자의 길이 분명해졌으며, '데일리보자기'만의 확고한 개성도 생겨났다.

다양한 보자기 업체들을 보며 새로운 아이디어의 영감을 얻기도 했고, 선의의 경쟁 속에서 서로 자극을 주고받았다.

독점보다 건강한 경쟁이 낫다

오히려 '따라쟁이들' 덕분에 좋은 일이 생긴 적도 있다.

2년 전, 색동 조각 보자기를 개발했다. 처음에는 큰 반응이 없었지만, 점차 입소문을 타더니, 1년 후엔 '색동 열풍'이 불었다. 특히 그해 설날, 색동 보자기는 효자 상품이 되었다. 내가 보기엔 예쁜 색동은 반응이 없었고, 오히려 촌스럽다고 여겼던 색동 무늬가 인기를 끌었다. 색동 보자기 덕분에 해외 고객에게서도 주문이 들어와 해외 배송까지 시작되었다.

그러던 어느 날, 유독 한 종류의 색동 보자기 주문이 쏟아졌다. 평소 명절이나 1~2월 돌 답례품 포장 시즌에만 팔리던 제품이 계절과 상관없이 매일 주문이 들어온 것이다. 별도로 홍보도 하지 않았기에 의아했고, 무슨 일이 있었는지 궁금해 네이버에 검색해 보았다.

그리고 그제야 이유를 알게 되었다. '돌 답례품 보자기'를 검색하니 한 판매 업체가 상위에 노출되고 있었는데, 놀랍게도 내가 처음 시도한 '보자기를 위에 덧씌우는 방식'을 그대로 따라 해 포장 서비스를 제공하고 있었다. 다만 나는 손이 많이 가더라도 마감을 재봉 처리했지만, 그 업체는 열처리로 간단히 마무리해 단가를 낮춘 듯했다.

처음엔 솔직히 화가 많이 났다. '정말 너무 염치없이 따라 한 거잖아.'라는 생각에 항의할까 고민도 했지만, 곧 마음을 바꿨다. 그들은 내용물이 있는 답례품을 파는 업체였고, 나는 보자기만 판매하고 있었다. 업종도 달랐다. 나의 포장이 예뻐서 따라 했을 것이고, 그들이 열심히 마케팅한 덕분에 내 보자기를 검색해 들어온 고객들이 늘어나기도 했다. 결과적으로 나는 아무런 홍보도 하지 않았는데 판매량이 급증하는 이득을 얻었다.

그때 처음으로 깨달았다. '따라 하는 사람도 내 마케팅 도구가 될 수 있다' 아무도 따라 하지 않는다는 건, 그만큼 아무도 관심을 두지 않는다는 뜻이기도 하다.

누군가 내 제품을 보고 '예쁘다'라고 생각했기에 따라 한 것이고, 그것이 영업적으로 도움이 되기도 한다. 물론 백 퍼센트 똑같이 베껴 같은 업종으로 진출한다면 문제지만, 보자기처럼 제품 자체는 같아도 방향이 다르다면 오히려 시너지가 날 수 있다. '구더기 무서워 장 못 담근다'라는 말처럼, 매번 누가 따라올까 전전긍긍하며 스트레스를 받는 건 오히려 정신 건강에 해롭다. 소비자들은 다 안다. 누가 진짜 원조이고, 누가 껍데기뿐인지를.

따라오는 이들을 걱정하기보다, 나는 언제나 한발 먼저 걸어갈 아이디어를 고민한다. 그게 더 건강하고 단단한 경쟁 방식이며, 결국 더 멀리 가는 길이기도 하다.

['데일리보자기'에서 자체 개발한 색동 조각보 세트]

장사를 열심히 했더니 사업가가 되었습니다

'데일리보자기'를 운영하며 참으로 다양한 일을 겪었다. 1인 사업자는 기획, 개발, 홍보, 마케팅, 영업, 고객 응대까지 모든 업무를 혼자 감당해야 한다. 하지만 모든 일을 내 손으로 해낼 수는 없었다. 능력의 한계도 있었고, 시간의 제약도 있었다. 그럴 때마다 고마운 이들의 손길이 나를 도와주었다. 돌아보면, 나는 참 인복이 많은 사람이었다.

처음엔 혼자라도 장사만 열심히 하면 다 될 줄 알았다. 그런데 시간이 지날수록 혼자의 힘으로는 멀리 갈 수 없다는 걸 깨달았다. '데일리보자기'가 성장할 수 있었던 건 나만의 노력 때문이 아니라, 주변의 좋은 사람들 덕분이었다.

어느 날, 고객으로 인연을 맺은 분이 스마트스토어에서 보자기 가방을 대신 판매해 주겠다고 제안했다. 그제야 나도 스마트스토어를 시작해야겠다는 결심을 하게 되었다. 근처 소품 숍 사장님은 내가 공방을 운영하지 않는 시간에 본인의 공간에 제품을 진열해 대신 판매해 주셨다. 이 경험을 통해 '입점 판매'라는 개념도 처음 접하게 되었다.

레진 공예를 하시던 사장님은 웹디자이너 출신이셨다. '단디백'의 상세 페이지가 필요했던 시점에 아주 저렴한 가격으로 제작을 맡아주셨는데, 그 퀄리티는 기대 이상이었다. 또 사진을 취미로 찍던 작가님을 소개받아 제품 사진을 촬영할 수 있었는데, 단돈 5만 원에 장비까지 챙겨 오셔서 정성껏 작업해 주셨다. 그는 상업용 사진 촬영을 부업으로 시작해 보고 싶다며 포트폴리오 용도로 작업을 수락했고, 나는 감사한 마음으로 주변 사장님들께 적극 추천해 드렸다. 이후 그는 정식 의뢰도 받아가며 부업을 본격화하게 되었다.

창업 초기에는 블로그 수업을 듣고 싶었지만, 고가의 강의료가 부담스러웠다. 그래서 강사님의 일을 돕는 조건으로 수업을 계속 들을 수 있었고, 블로그를 배우고 싶어 하는 분들을 강사님께 꾸준히 소개해 드렸다. 아모레퍼시픽 기업 강의까지 연결해 드리며, 강사님과 나는 자연스럽게 한 팀처럼 움직이게 되었다. 강사님의 마케팅 기술과 나의 영업 능력이 조화를 이루며 함께 성장할 수 있었고, 나 또한 다양한 실무 경험을 쌓을 수 있었다.

이런 인연이 쌓이고 쌓이다 보니, 어느 순간 나만의 '사업 어벤져스 군단'이 형성되기 시작했다. 마케팅을 배우러 온 한 소품 공예 사장님은 미대 출신으로 귀여운 캐릭터를 아주 잘 그렸다. 그분이 직접 만든 로고를 보고 감탄한 나는, 로고가 필요한 다른 사장님들과 수강생들에게 소개해 드렸다. 그렇게 연결된 작업은 수업료보다 훨씬 큰 수익으로 이어졌고, 서로에게 도움이 되는 인연으로 남았다.

유튜브 인터뷰도 마다하지 않고 진행했다. 그러다 두 번째 만난 피디님은 세무사이자 유튜버로 세무 상담이 필요한 자영업자들을 만나 인터뷰하며 본인을 자연스럽게 알리는 방식으로 사업을 확장하고 계셨고, 나 또한 그분께 세무 업무를 맡기게 되었다. 업무상 만난 형식적인 관계가 아니라, 서로 진심으로 도움이 되는 관계였다. '단디백'을 매우 좋게 봐주셨던 그 피디님은 자영업자들의 유튜브 채널을 키워주는 일을 포트폴리오 삼아 시작해 보고 싶다며 내 유튜브 채널을 무료로 운영해 주겠다고 제안하셨다. 덕분에 정성껏 편집된 영상이 완성되었고, 그 영상은 지금까지도 유용하게 활용되고 있다. 이 모든 것이 서로의 능력을 믿고 나눈 결과였다.

장사만 할 때는 영업력 하나로도 충분했지만, 브랜드를 만들고 '사업'으로 발전시켜 가려면 혼자의 힘만으로는 부족했다. 나는 '이 사람 정말 능력 있는데, 너무 안 알려졌다'라고 느껴지는 이들을 만날 때마다 나만의 '보석함'에 담아두었다. 직접 도와드릴 수 없는 일이 생기면, 그 사람을 필요로 하는 누군가에게 주저 없이 연결해 드렸다. 그렇게 자연스럽게 인맥과 인력 풀이 형성되었고, 내 한계를 능력 있는 주변 사람들의 손

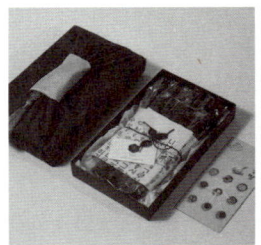  

[사진작가와 함께한 작업물]

으로 보완해 갈 수 있었다.

이후 수강생들의 창업을 도울 때도 이 네트워크는 큰 힘이 되었다. 브랜드 이름 짓기, 로고 제작, 인스타그램·블로그·유튜브 운영, 홍보 아이템 개발까지. 수강생이 전문가가 필요하다고 말하면 그에 맞는 사람을 연결해 주었고, 수강생들끼리 서로 돕는 구조도 자연스럽게 형성되었다.

협업으로 탄생한 '단디백 펀딩 프로젝트'

창업하며 늘 마음 한편에 간직했던 꿈이 있었다. 바로 펀딩 플랫폼에 내 제품을 소개하고, 시제품을 고객에게 선보인 뒤 정식 판매하는 것이다. '와디즈'나 '텀블벅' 같은 플랫폼을 통해 새로운 방식의 유통과 브랜딩을 경험해 보고 싶었다.

하지만 '텀블벅'에는 규칙이 있었다. 이미 판매 중인 제품은 펀딩 대상이 될 수 없었다. 그래서 기존의 꽃무늬 '단디백'이 아닌, 무지 원단으로 제작한 새로운 '단디백'을 기획하게 되었다. 이 아이디어 역시, 결국 고객의 말 한마디에서 시작되었다. 평소 '단디백'을 여러 개 사용하던 고객님께서 "운동할 때 들기엔 꽃무늬보다는 무지가 더 좋겠다."라고 말씀하셨고, 나는 무지 원단의 존재를 그제야 알게 되었다. 거래처 사장님께 여쭤보니 다양한 색상의 무지 원단이 있었고, 그중 네 가지 색상을 골라 새로운 '단디백'을 제작하기로 했다.

여기에 키링을 함께 구성하면 좋겠다는 생각이 들었다. 하지만 내가 액세서리를 직접 만들 자신은 없었다. 대신 전통적인 느낌을 현대적으로 재해석한 캐주얼한 매듭 키링을 함께 구성하면 어떨까 싶었다. 나는 인스타그램을 통해 알게된 작가님 두 분께 DM을 보냈다. 한 분은 정중히 거절하셨고, 다른 한 분은 마침 펀딩을 해 보고 싶다며 흔쾌히 수락해 주셨다.

작가님과 인사동에서 직접 만나 각자의 작업물을 교환했다. 그분의 매화매듭 키링은 '단디백'과 아주 잘 어울렸고, 내가 원하는 느낌을 설명해 드리자 직접 제작해 보내주시겠다고 하셨다. 그렇게 샘플이 완성되었고, 텀블벅 전용 에디션인 매화매듭 키링이 탄생했다.

이제 남은 것은 제품 촬영과 상세 페이지 작업이었다. 나는 디자인 툴을 다룰 줄 몰랐기에, 상세 페이지 제작은 작가님이 맡기로 했고, 나는 모델 섭외, 의상 준비, 촬영 장소 섭외 등 실행 중심의 업무를 맡았다.

모델은 과거 협업을 통해 인연을 맺은 무용과 학생에게 부탁했다. 촬영비 대신 음식 대접과 소정의 수고비를 드리기로 했고, 메이크업은 마케팅 수업을 들었던 수강생이자 메이크업 전문가인 언니에게 협찬을 받아 해결했다.

촬영은 공방 인근 단골 사진관에서 진행했다. 다양한 작업을 함께해 온 사장님께서 20만 원이라는 파격적인 조건으로 촬영을 도와주셨고, 프로필 사진부터 제품 컷까지 서비스로 제공해 주셨다. 한복 의상과 장신구는 친분 있는 대여업체 사장님께 부탁드렸고, 착용 사진을 제공하고 블로그와 인스타그램에 홍보 글을 써드리는 조건으로 협찬을 받을 수 있었다.

이렇게 하나하나 내 손으로 기획하고, 주변 사람들과의 협업으로 완성한 펀딩 프로젝트는 생각만큼 큰 수익을 내진 못했지만, 그보다 더 값진 것을 얻었다. "내가 그동안 참 잘 살아왔구나. 이렇게 많은 사람이 나를 도와주고 있구나." 하는 감사한 마음이었다.

전문 업체에 의뢰해 큰돈을 들이기보다는, 신뢰로 엮인 사람들과 함께 한 걸음씩 만들어가는 방식이 나에겐 가장 자연스러운 사업 방식이었다. 그리고 앞으로도 이 길을, 이 속도로, 함께 걸어가고 싶다.

['단디백' 텀블벅 프로젝트]

PART
5

'데일리보자기',
전국 지점의 꿈을 이루다

혼자보다 함께, 공동구매에서 시작된 프랜차이즈의 꿈

아이가 돌이 되었을 무렵, 나는 창업을 시작했다. 오직 '돈 걱정 없이 살고 싶다'라는 절박한 열망 하나로, 몸이 부서져라 일했다. 그때는 보자기 공방으로 수익을 내는 방법이 오직 보자기를 만들어 판매하는 것뿐이라고 생각했다. '어떻게 하면 원가를 절감할 수 있을까?', '이윤율을 높일 방법은 없을까?', '어떻게 하면 더 많이 팔 수 있을까?' 그것이 당시 나의 최대 관심사였다.

보자기와는 전혀 무관한 비전공자였던 나는, 재봉도 원단도 모른 채 동대문 시장을 돌아다니며 일반 소비자의 시선으로 원단을 구매했다. 시행착오를 겪으며 고객들의 반응을 분석하고, 그렇게 조금씩 공부해 나갔다. 판매량이 점점 늘자 자연스럽게 더 저렴하게 원단을 구매하고 싶어졌다. 마침 원단 공장이 몰려 있고 가격도 저렴한 대구가 떠올랐다. 대구에 사는 자수공방 사장님과 함께 서문시장에 가기로 했다.

사장님의 거래처를 함께 들렀다가 내가 평소 사용하는 원단이 한 마에 천 원씩 더 저렴하게 팔리는 걸 보고 깜짝 놀랐다. 알고 보니 그곳은 동대문 도매상에 원단을 공급하는 1차 공급지였다. 그제야 나는 내가 그동안 저렴하게 구매하고 있다고 믿었던 동대문 도매가가 사실은 소매에 가까운 가격이었음을 깨달았다.

사장님과 거래처를 공유하며 서로 몰랐던 정보를 나눌 수 있었고, 이후 나는 광목 원단을 비롯한 다양한 보자기 원단을 이곳에서 구매하게 되었다. 보자기 제작을 하면서 원단에 관한 공부도 깊어졌고, 특히 커다란 크기의 보자기를 주로 만들다 보니 원단 소비량이 많아 가격에 더욱 민감해졌다.

보통 원단은 90cm를 1마, 즉 1야드로 계산한다. 낱마 단위보다 50~100마씩 들어 있는 1롤 단위로 구매하면, '한 마'당 몇백 원에서 천 원 이상 절약이 가능했다. 하지만 소품을 제작하거나 샘플만 제작하는 사장님들에게는 1롤만 구매하는 것이 쉽지 않았다. 게다가 보자기 원단은 종류도 다양하고 색상도 많아 매번 롤 단위로 구매하는 것은 현실적으로 무리였다.

그 무렵 나는 아주 단순한 계기에서 보자기 프랜차이즈의 꿈을 품게 되었다. 대단한 포부나 구체적인 사업 계획에서 출발한 것이 아니었다. '나와 같은 원단을 쓰는 공방이 전국에 생긴다면, 함께 공동구매를 하여 원단을 더 저렴하게 구매할 수 있지 않을까?', '판매가는 동일해도 원가를 낮추면 수익률이 높아지지 않을까?', '혼자보다는 함께하는 게 더 효율적이지 않을까?'와 같은 생각이 단초가 되었다.

이왕이면 평택 골목이 아닌 서울의 번화가에도 '데일리보자기' 매장이 있다면 브랜드 인지도를 높이고 고객 접근성도 좋아질 것이라 생각했다. 종종 수백 장 단위의 대량 주문이 들어오지만, 인력과 시간 부족으로 거절해야 했던 기억이 떠올랐다. 만약 '데일리보자기'의 지점이 여러 곳에 생긴다면, 이런 물량도 나누어 처리할 수 있지 않을까? 머릿속에서 점점 확신이 생겼다.

'데일리보자기' 지점의 시작

'데일리보자기'를 창업한 지 1년이 되었을 무렵, 어느 유튜브 채널의 인터뷰를 하게 되었다. 이제 막 보자기 가방을 개발해 판매하기 시작한 초보 사장이었던 나는 마지막 질문인 "앞으로 이루고 싶은 꿈이 있나요?"라는 물음에 이렇게 답했다.

> "'데일리보자기' 전국 지점을 만드는 게 제 꿈이에요."

그 꿈은 내내 마음에 품고, 말로도 자주 꺼내며 나를 향해 천천히 다가왔다.

그런데 어느 봄날, 한 수강생이 던진 한마디는 내 인생의 새로운 전환점이 되었다.

"'데일리보자기' 지점을 하고 싶어요."

오랜 겨울을 지나 첫 봄꽃이 피듯, 다섯 해 동안 쌓아온 모든 노력이 드디어 결실을 맺는 순간이었다. 하지만 그날까지의 여정은 결코 순탄치 않았다.

유튜브 영상을 보고 찾아왔다는 분들이 공방을 직접 방문하기 시작했다. 통영, 부산, 인천은 물론, LA에서까지 문의가 이어졌다. 5월부터는 24시간이 모자랄 정도로 바빠졌고, 특히 50~60대 중장년층의 반응이 매우 뜨거웠다. 일흔이 넘은 수강생 두 분도 있었다.

"아직 늦지 않았다는 희망을 얻었어요."
"제2의 인생을 시작할 용기가 생겼습니다."

이런 말을 들을 때마다 가슴이 뭉클해 눈물이 났다. 어떤 분은 영상을 여러 번 돌려보며 눈물을 흘렸다고 했다. 갑작스럽게 쏟아진 관심에 나는 보다 완벽한 준비가 필요함을 절실히 느꼈다.

프랜차이즈 전문 행정사님과의 미팅 후 전문가의 조언을 구한 끝에, 프랜차이즈보다는 물품 구매 계약서로 이루어진 '취급점' 형태로 전국 지점을 운영하는 시스템을 선택했다. 계약서 작성부터 운영 매뉴얼 제작까지 모든 걸 처음부터 직접 배워가며 하나하나 준비했다. 그렇게 탄생한 첫 번째 '데일리보자기' 양산점은 내게 잊지 못할 의미가 있다.

내가 지점을 내는 목적은 로열티 이익을 얻기 위함이 아니다. 진심으로 전국에 함께할 사업 파트너가 생기기를 바랐다. 내가 창업 초기에 맨땅에 헤딩하듯 시작했을 때, 누군가 길잡이가 되어주었다면 얼마나 든든했을까. 그때의 간절했던 마음을 기억하며, 이제는 내가 누군가의 길이 되고 싶었다. 그렇게 서로 도우며 성장하는 그 꿈은 서서히 현실이 되어갔다.

6개월 만에 30여 명의 수강생 중 6명이 각자의 공방을 열었다. 그들의 사연은 모두 달랐지만, 간절함은 같았다. 은퇴 후 제2의 삶을 준비하는 분, 육아를 마친 후 새로운 도전에 나선 분, 기존 사업에 보자기를 접목하려는 분까지 다양했다. 나는 그들의 성공을 위해 밤낮없이 지원했다.

실행하지 않는 사람들

"그렇게 다 알려줘도 괜찮아? 기술을 빼앗기면 어떻게 해."

어느 날, 내가 유튜브에 올린 보자기 포장 영상을 본 엄마가 걱정스럽게 물었다. 엄마는 내가 무슨 일을 하는지 자세히 알지는 못한다. 그저 '보자기 포장을 하는 딸' 정도로만 알고 계셨기에, 내가 포장하는 법을 알려주면 사람들이 다 따라 하게 되어 오히려 나에게 맡길 일이 줄어들지 않을까 걱정하신 것이다. 그 말에 웃음이 났지만, 한편으로는 주변 지인들도 내 일을 그렇게 단순하게만 보고 있지 않을까, 하는 생각이 들었다. 그러나 나는 알고 있었다. 아무리 자세한 영상을 올려도 실제로 따라 하고 실행하는 사람은 극히 드물다는 사실을. 반대로 간절한 사람은 내가 굳이 알려주지 않아도 어떻게든 방법을 찾아낸다. 결국, 다 알려줘도 안 하는 사람은 안 한다.

한 수강생이 창업이 꿈이라며 수업을 들으러 왔다. 우리는 함께 브랜드명을 고민했고, 인스타그램 계정을 만들었으며, 제품 판매에 사용할 로고 스티커도 제작 의뢰했다. 블로그 글쓰기 방법부터 어떤 제품을 팔면 좋을지에 대한 아이디어까지, 내가 할 수 있는 건 모두 쏟아부었다.

하지만 몇 주 후부터 '바빠서 못 온다'라는 핑계가 반복되었고, 결국 수업은 흐지부지 끝났다. 두 해가 지나도록 제작한 스티커도 찾아가지 않았다. 처음에는 그렇게 간절하다며 도와달라고 하더니, 정작 다 준비해 주었는데도 시작하지 않는 모습을 보며 나는 혼란스러웠다.

'이렇게까지 도와줬는데 왜 안 하지? 혹시 내가 뭔가 부족한 걸까?'

나도 모르게 자책이 밀려왔다.

하지 못하는 또 다른 이유, '두려움'

또 한 번은 60대 수강생 한 분이 보자기 수업을 듣기 위해 공방에 오셨다. 그런데 수업 내내 큰 흥미가 없어 보였다. 그날 나는 수업을 잠시 멈추고 조용히 그분의 이야기를 들어보았다. 한 시간을 넘게 경청한 끝에, 그분의 진짜 마음을 알 수 있었다.

그분은 과거 전통 디저트를 배운 경험이 있었고, 그것을 바탕으로 디저트 공방을 여는 것이 오랜 꿈이었다. 보자기는 그 디저트를 포장하기 위한 수단일 뿐이었다. 전통 디저트 이야기가 나오자, 그분의 눈빛이 반짝였다.

이분은 단순히 보자기를 배우고 싶은 게 아니라, 사업을 하고 싶은 마음이 더 간절했다. 하지만 시작이 두려운 상태였다. 그래서 나는 여유 자금을 활용해 지금이라도 매장을 시작해 보는 건 어떻겠냐고 조심스레 제안했다. 며칠 후, 그분께 연락이 왔다. 몸이 아파 당장 창업은 어렵게 됐으니 다시 수업을 듣고 싶다고 하셨다. 그렇게 수업은 재개되었지만, 나는 이 일을 계기로 큰 깨달음을 얻었다.

모두가 나처럼 절박한 건 아니다

나는 서른두 살에 창업을 시작했다. 더는 물러설 곳이 없다는 절박함, '뭐라도 하지 않으면 안 된다'라는 현실이 나를 밀어붙였다. 그런데 수강생들이 다 나처럼 절박한 상황은 아니었다. 특히 중장년층 수강생들은 조심스럽고, 걱정이 많을 수밖에 없다.

그동안 나는 '왜 안 하지?', '왜 못 하지?' 하며 답답해했지만, 사람마다 출발선도 다르고, 인생의 속도도 다르다는 사실을 받아들이기 시작했다. 그렇게 마음을 내려놓고 나니, 내 태도도 달라졌다. 조급함 대신 여유가 생겼고, 상대를 있는 그대로 바라볼 수 있는 시선이 생겼다.

창업반 수강생 중엔 정말 다양한 사람들이 많다. 그중에서 배운 것을 실제로 써먹고 수익을 만들어 내는 사람은 소수였다. 나는 누구에게

나 똑같이 모든 것을 다 알려주었지만, 결과는 늘 같지 않았다.

그 차이를 만든 건 단 하나, '간절함'과 '실행력'이었다.

인맥이 많다고, 자본금이 많다고 성공하는 것은 아니다. 인맥이 없어도, 돈이 없어도, 자신의 재능을 실행력으로 바꾸는 사람은 결국 수익을 낸다. 같은 수업료를 내고도 그 이상의 가치를 뽑아내는 사람이 있는 반면, 훨씬 더 많은 돈을 지불하고도 아무것도 하지 않는 사람도 있다.

시간이 지날수록 나는 깨닫게 됐다. 수강생이 많아져 내가 더 많은 이익을 얻는 것보다, 적은 인원일지라도 그들이 성장하는 모습을 지켜보고 필요할 땐 언제든 옆에서 서포트해 주는 일이 훨씬 더 보람된 일이라는 것을.

전국 팔도를 유랑하는 보자기 CEO

전국 각지에서 수강생들이 찾아들기 시작했다. 나는 사업 초기부터 나만의 철학을 지켜 왔다. 수업 중간이든 수업이 끝난 후든, 수강생의 매장은 반드시 직접 방문해 현장을 보고 느낀 점을 토대로 피드백을 주는 것이다. 이 루틴은 지금까지도 이어지고 있다.

사업을 막 시작했을 무렵에도, 평택뿐만 아니라 수도권 외곽 지역까지는 반드시 방문하곤 했다. 과일 가게를 운영하며 보자기 포장 수업을 들은 수강생들의 매장을 방문하기 위해 동탄, 서울 성북구 등지를 찾았다. 배웠을 땐 이해한 듯했지만, 막상 현장에서 어려움을 겪는 모습을 보며 직접 가서 지도하고, 블로그와 인스타그램 홍보까지 도와주었다. 수업료가 저렴했던 터라, 그렇게까지 하면 오히려 손해가 나는 경우도 있었다. 하지만 현장을 보고 배우는 게 나에게도 많은 도움이 되었기에 이를 수고스럽다고 느낀 적은 한 번도 없다. 과일 가게만도 여섯 곳가량을 방

[과일 가게의 보자기 포장]

문했고, 고객들이 어떤 포장을 선호하는지 쉽게 파악할 수 있었다. 지역이 다르다면 동일한 색상의 보자기를 추천해 재고를 줄이고, 갑작스러운 주문에도 신속히 대응할 수 있도록 준비했다.

이러한 현장 중심의 피드백은 창업반 수강생들에게도 똑같이 적용되었다. 전국 각지의 수강생들을 일일이 다 찾아가긴 어려웠지만, 주요 지역은 일정을 잡아 여러 명의 수강생을 한 번에 만나러 가기도 했다.

창업반 수업 이후 가장 많은 수강생이 모인 지역은 부산과 인천이었다. 이 지역은 유독 수업 문의도 많고 관심도가 높았다. 나는 1박 2일 일정으로 그 지역을 방문해 수강생들을 만나고, 상담을 진행했다. 첫 번째 취급점이었던 양산점 대표님은 단 하루의 수업만 받고 바로 매장을 오픈하셨기에 도와드릴 일이 많았다. 인테리어와 기계, 초도 물품을 받는 날짜에 맞춰 수강생들과 함께 내려가 현장을 세팅했다.

다음 날에는 수강생들을 다시 모아 워크숍을 겸한 추가 수업을 진행했고, 양산점 대표님과 기계 세팅 및 재료 준비를 도왔다. 보통 같은 지역에서 유사한 창업을 하게 되면 서로 견제하거나 경쟁자로 인식되기 쉽지만, '데일리보자기' 수강생들은 달랐다. 특히 지방에서 배우러 오신 분들은 자주 오기 어렵기 때문에, 내가 방문할 수 없는 지역에서는 수강생들끼리 협력하고 함께 성장할 수 있도록 돕고 싶었다.

사업은 혼자 하는 것이 아니기에, 같은 아이템을 하더라도 재료를 나누어 저렴하게 구매하고, 바쁠 때는 일을 나누는 방식으로 함께했다. 양산점과 부산점 대표님은 그렇게 돈독해졌고, 자주 만나 회의를 하거나 플리마켓에 함께 참가하며 긴밀한 관계를 유지하게 되었다.

이 과정을 통해 '데일리보자기'만의 루틴이 생겼다. 지점을 오픈한 대표님에게는 처음 기계나 재료 셋팅, 매장 기계 배치 등 기본적인 것들을 도와드리고, 3개월쯤 지나 어느 정도 정리가 되면 내가 직접 그 지점에 방문했다. 그 지역 수강생들을 모집해 수업을 열고, 대표님의 공간에서 수업을 어떻게 진행하면 좋을지 시연도 했다. 이는 지점 대표가 지역 내 수강생들과 계속 교류할 수 있는 기반이 되었다.

'데일리보자기'는 프랜차이즈 사업이 아니라, 물품 구매 계약서로 이루어진 취급점 운영 방식이다. 교육 후 기계를 구매하면 운영 종료가 가능한 시스템이지만, 나는 '데일리보자기'만의 방식을 고수했다. 유튜브를 통해 수업을 받고 싶어 하는 분들이 많았기에, 멀어서 오기 힘든 분들을 위해 그 지역에서 수업을 열고 상담을 진행했다. 내가 직접 수업을 하지 않아도 되는 경우엔 지점 대표님께 연결해 드렸다.

양산점을 시작으로 부산점, DMC점, 인천점, 광양점, 목포점, 순천점까지 전국 각지를 돌며 지점 대표들이 자리를 잡을 수 있도록 다양한 방식으로 도왔다. 작년에는 경상도 지역 지점이 여럿 생겨 부산만 다섯 번을 다녀왔고, 올해는 전라도 지점 지원에 집중했다.

전라도 지역의 광양점, 순천점, 목포점 대표님들이 자주 만나 새로운 프로젝트를 함께하는 모습이 무척 보기 좋았다. 기존 수강생이 있던 지역에 다른 지점이 생기더라도 경쟁자가 아니라 오히려 서로 배움을 나누고 필요를 채울 수 있는 협력자로 받아들였다. 그렇게 '데일리보자기'의 철학은 자연스럽게 퍼졌고, 지역 내에서 서로 돕고 나누는 커뮤니티가 형성되었다. 최근에는 제주점 오픈을 도우러 다녀왔고, 심지어 일본에 계신 수강생을 만나기 위해 먼 곳까지 다녀오기도 했다. 전국 팔도를 유랑하듯, 수강생을 만나고 그들의 성장을 돕는 이 여정이 나에게는 무엇보다 소중하고 즐거운 일이었다.

공방 벽에는 전국 지도를 붙여두고, 수강생이 있는 지역에 스티커를 하나씩 붙였다. 현재 운영 중인 9개 지점 외에도 앞으로 지점을 오픈하고 싶은 지역을 표시하며 더 큰 비전을 그리고 있다.

['데일리보자기' 양산점]

['데일리보자기' 부산점]

['데일리보자기' 제주점(비밀의화원)]

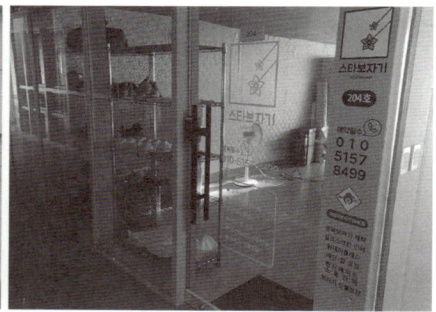
['데일리보자기' DMC점(스타보자기)]

['데일리보자기' 순천점]

['데일리보자기' 광양점]

〈'데일리보자기'만의 지점 오픈 루틴〉

단계	내용	목적
1단계	수업 후 대표님 매장 현장 방문	운영 공간 동선 파악 피드백 제공
2단계	기계 및 초도 물품 도착 시점에 맞춤 현장 셋업	초기 운영에 필요한 실질적 지원
3단계	인근 지역 수강생들과의 네트워킹 자리 마련	지역 내 협력 구조 형성, 시너지 유도
4단계	오픈 2~3개월 후 현장 방문 및 수업 시연	인지도를 높여 수업 운영 역량 전수
5단계	해당 지역 수강생 상담 또는 대표 연계	신규 수강생 유입 및 대표 자생력 강화

보자기를 통해 실현하는
ESG 가치

보자기는 단순히 물건을 감싸는 천이 아니다. 그 안에는 환경을 보호하려는 마음, 사람을 잇는 관계, 지속 가능한 삶에 대한 태도가 담겨 있다. 이러한 보자기의 본질은, 지금 우리가 이야기하는 ESG 경영의 가치와도 놀라울 만큼 닮았다.

보자기는 일회용 포장이 아닌, 다시 쓸 수 있는 '지속 가능한 선택'이다. '다시 묶는 삶', '돌려주는 마음'을 담고 있는 문화다.

나는 '데일리보자기'를 운영하며, 이 작은 천 조각이 소비 방식의 전환을 불러올 수 있다는 가능성을 체감했다. 특히 친환경적 가치를 실현하기 위해 업사이클 원단을 활용한 보자기 제작을 실험했고, 원단 낭비 없이 재단하고 남은 조각들로 키링이나 마그넷 같은 상품을 제작하며 '제로 웨이스트'의 가치를 제품 하나하나에 녹여냈다. 이 모든 과정은 단순한 환경 실천이 아니라, 나와 고객, 그리고 생산자 모두가 순환에 참여

하는 지속 가능성의 미학이었다.

　사회적 가치는 더 깊은 울림을 주었다. 공방에 찾아온 수강생들, 특히 경력 단절 여성이나 중장년층 수강생들은 단순히 기술을 배우는 것을 넘어 자신의 삶에 다시 '이름표'를 붙이고 싶어 했다. 협회를 통해 자격증을 취득하고, 공방을 열고, 강사로 활동하며 다시 사회와 연결된 그들의 모습은 마치 보자기가 사람을 감싸듯, 한 사람의 자존감을 감싸는 장면처럼 느껴졌다.

　나는 지역 내 소외 계층과 함께하는 공예 워크숍에도 참가했고, 보자기를 매개로 한 아동센터 연계 프로그램, 1인 창업자 지원 교육, 노인 문화센터 공예 수업 등을 통해 '포장'이라는 작업이 '삶을 매듭짓고, 다시 열어주는' 상징으로 사용되도록 만들었다. 공예는 느리고 손이 많이 가지만, 그만큼 마음이 닿는다. 그리고 그 마음은 사람을 변화시킨다.

　이제 '데일리보자기'와 협회는 브랜드와 단체를 넘어, 사회적 기업으로의 도약을 준비하고 있다. 단순히 수익을 내는 구조가 아니라, 환경을 지키고, 사람을 돕고, 공동체와 함께 나아가는 시스템을 구축하고자 한다. ESG(환경(Environmental), 사회(Social), 지배구조(Governance)의 영문 첫 글자를 조합한 단어로, 기업 경영에서 지속 가능성을 달성하기 위한 3가지 핵심 요소)라는 말이 멀게 느껴질 수도 있지만, 우리가 매일 묶는 작은 매듭 하나가 누군가의 삶을 이어주고 지구를 보호하는 시작이 될 수 있다면, 이보다 확실한 실천이 있을까?

보자기는 작지만, 그 안에 담긴 가치는 결코 작지 않다. 나는 보자기를 통해 가치를 포장하고, 그 가치를 다시 사회에 순환하는 기업가의 길을 걷고자 한다. '잘 팔리는 제품'을 넘어 '잘 살아가는 세상'을 만드는 데 기여하는 브랜드. 그것이 '데일리보자기'가 꿈꾸는 다음 매듭이다.

보자기 창업의 장점

공방 창업에서 가장 중요한 첫 단추는 아이템 선정이다. 마치 씨앗을 뿌릴 때 토양과 기후를 고려하듯, 창업 환경과 자신의 상황에 맞는 아이템을 선택하는 것이 사업의 성패를 좌우한다. 많은 이가 공방을 단순히 취미나 예술적 표현의 공간으로 생각하지만, 실제로는 매우 전략적인 판단이 필요한 영역이다.

특히 보자기 공방은 그 선택 자체만으로도 여러 가지 경쟁력을 갖춘다. 내가 보자기를 창업 아이템으로 택한 이유도 단순한 감정적 끌림이 아니라, 시장성, 수익성, 확장성까지 면밀히 따져본 결과였다.

1. 경쟁이 적은 블루오션 아이템

보자기는 아직 대중에게 낯선 아이템이다. "보자기로 공방을 한다고요?"라는 질문을 지금도 자주 듣는다. 이는 곧 시장에서 특별한 포지션을 가질 수 있다는 뜻이며, 경쟁이 덜한 블루오션이라는 의미다. 비누, 캔들, 뜨개질 등 흔히 접할 수 있는 공예 분야는 이미 포화 상태이지만, 보자기는 새로운 감성과 차별화된 제품으로 접근이 가능하다.

2. 유통기한 걱정 없는 안정적인 상품

보자기는 유통기한이 없고, 변질이나 변형의 우려가 적다. 이는 자금 운용 측면에서 매우 안정적인 구조를 만든다. 계절성도 크지 않아 연중 내내 꾸준한 판매가 가능하다. 창업 초기에는 재고 리스크가 크기 때문에, 이러한 안정성은 큰 장점이다.

3. 다양한 분야와의 자연스러운 접목

보자기는 응용 범위가 넓다. 한복, 화과자, 플라워, 답례품, 명절 선물, 웨딩까지 다양한 업종과 협업할 수 있다. 이는 상품 이상의 가치, 즉 시장 확장성을 의미한다. 처음에는 선물 포장용으로 시작했지만, 인테리어 소품, 패션 아이템, 기업 답례품 등으로 활용 범위를 넓힐 수 있었다.

4. 높은 수익성

보자기는 원자재 대비 부가가치가 높은 품목이다. 천 한 장을 손으로 정성껏 마무리해 하나의 작품으로 완성하는 공정은 수공예만의 특별함을 지닌다. 대량 생산된 공산품과는 달리, '작가의 손길'이 담긴 제품은 프리미엄 가격을 받을 수 있다.

5. 예술성과 상업성의 균형

보자기는 전통 공예의 뿌리를 두면서도 현대적으로 재해석할 수 있어, 예술성과 실용성을 동시에 충족시킬 수 있다. 나는 고객의 삶에 실용적으로 녹아들 수 있는 상품을 고민하며 기획했고, 이는 곧 안정적인 수익으로 이어졌다.

좋아하는 일을 하면서도 안정적인 수익을 낼 수 있는 방법. 나에게 그 해답은 보자기였다. 공방 창업을 고민하고 있다면, 시장성과 열정, 그리고 현실적인 수익성을 모두 고려해 아이템을 선택하길 바란다. 보자기는 그 모든 조건을 갖춘, 충분히 매력적인 선택지다.

[수강생분들과 함께한 국제 ESG 공예 협회 창단식]

[다양한 ESG 행사 참가]

LA에서 평택까지
'데일리보자기'를 찾아 오다

　예상치 못한 곳에서 찾아온 한 인연이, 나의 지난 4년간의 노력이 결코 헛되지 않았음을 증명해 주었다. 바로 LA에서 날아온 61세 수강생의 이야기다. 태평양을 건너 한국까지 찾아온 이유를 물었더니, 돌아온 대답은 의외로 단순했다.

　"인스타그램을 열 때마다 계속 사장님 게시물만 보이더라고요. 매일 올라오는 영상을 보면서, 나도 할 수 있겠다는 희망이 생겼어요. 밤에도 설레서 잠을 이루지 못했답니다."

　그렇게 평택까지 찾아오셨고, 동대문과 대구 원단 시장 투어도 함께 하셨다. 수업을 배우신 뒤 LA로 돌아가셔서는 LA한국문화원에서 꾸준히 한국 보자기의 아름다움을 알리고 계신다.

　매일 게시물을 올리면서 '과연 누가 볼까' 하는 의문이 들 때도 많왔다. 댓글도, '좋아요'도 없는 날이 대부분이었지만, 고객들은 늘 조용히 지켜보고 있었다. 성실함과 진정성이 전해졌기에 가능한 일이었다.

'데일리보자기'라는 이름이 알려지기까지 가장 중요했던 것은 '될 때까지 하는 것', 가장 쉬우면서도 가장 어려운 '꾸준함'이었다. 남들은 쉽게 포기하는 일을 끝까지 해내면 언젠가는 반드시 빛을 발하게 마련이다.

브랜드는 이름보다 신뢰로 남는다

4년 전, 공방을 처음 시작했을 때는 막막함뿐이었다. 이미 자리 잡은 유명 공방들을 보며 부러워했다. 소규모로 시작한 '데일리보자기'는 누구에게도 알려지지 않은 이름이었지만 나는 명확한 목표를 세웠다. 브랜드를 알리고, 이름만 들어도 떠올릴 수 있도록 만드는 것. 그 목표를 향해 한 걸음씩 나아갔다.

오프라인에서 직접 사람들을 만나는 일에는 자신 있었지만, 코로나 팬데믹 시기에는 그마저도 어려웠다. 컴퓨터보다 노트와 펜이 더 익숙한 나에게 온라인 마케팅은 낯설고 큰 도전이었다. 그래도 '잘하려고 하지 말고 일단 해 보자'라는 마음으로 유튜브와 인스타그램 계정을 만들었다. 어디서든 '데일리보자기'를 검색하면 나올 수 있도록 하는 것이 목표였다. 그렇게 하나하나 발자국을 남기기 시작했다.

30대라고 해서 SNS를 잘하는 것은 아니었다. 젊다고 온라인 마케팅을 잘하는 것도 아니고, 나이가 많다고 못 하는 것도 아니었다. 관심과 의지만 있다면 누구나 시작할 수 있었다. 예쁘게 편집하는 것보다 중요한 건 결국 '꾸준함'이었다. 책과 영상을 통해 배우고, 모르는 것은 직접 찾아가서 배웠다. 한 번 실패해도 다시 일어나 도전했다.

디지털에 담은 진심, 아날로그의 마음

디지털 시대는 끊임없이 변화했다. 새로운 플랫폼이 생기고, 유행은 빠르게 바뀌었다. 하지만 변하지 않는 것이 있었다. 바로 진정성과 꾸준함이었다. 매일 조금씩이라도 콘텐츠를 만들고 공유하다 보니, 어느새 작은 변화들이 쌓여가기 시작했다.

공방이 한가할 때는 마케팅 수업도 진행했다. 처음에는 나처럼 컴맹이었던 초보자들을 위한 눈높이 수업을 해 주고 싶다는 마음에서 시작했다. 초보 사장님들에게 강의할 때면 항상 강조했다.

"블로그 개설조차 어떻게 해야 할지 모르는 분들이라면, 전문가의 강의는 더욱 어렵게 느껴질 거예요. 마치 유치원생이 대학 강의를 듣는 것과 같죠."

그래서 나는 기초 교육과 관점 전환 훈련에 집중했다. 가장 기본적인 것부터 하나씩 짚어가며 설명하고, 제품 중심이었던 시선을 마케팅 관점으로 넓히도록 도왔다. 예를 들어 공방 근처 맛집의 리뷰를 쓰거나,

다른 공예와 접목할 수 있는 아이디어를 공유하는 식이었다. 다양한 분야의 사람들과 교류하며 새로운 마케팅 아이디어를 얻는 것도 중요했다. 그렇게 독특한 브랜드 이미지가 서서히 형성되었다.

매일의 기록이 브랜드가 되기까지

매일 아침 공방 문을 열며 어떤 콘텐츠를 만들지 고민했다. 작업 과정, 완성된 작품, 혹은 일상의 단상까지. 소소한 기록들이 모여 하나의 이야기가 되었고, 그 이야기는 사람들의 마음을 움직였다.

공방을 찾는 고객들은 이제 단순한 손님이 아닌 동반자가 되어 갔다. 작품을 구매하러 왔다가 서로의 이야기를 나누고, 각자의 삶을 공유하며 인연을 맺었다. 온라인에서 시작된 관계는 오프라인에서 더 깊어졌다. SNS라는 디지털 공간이 만들어 준 특별한 연결고리였다.

최근 열린 창업반 수강생 워크숍은 내 꿈이 실현되는 의미 있는 순간이었다. 완도, 통영, 목포, 대구, 부산 등 전국 방방곡곡에서 22명의 수강생이 모였다. 그들이 내게 찾아온 이유는 한결같았다.

"유튜브와 SNS에서 본 모습들이 진정성 있어 보여서 꼭 배우고 싶었어요."

온라인에서 꾸준히 나를 알리기 위해 노력했던 시간이 결실을 맺은 것이다. 요즘 시대는 워낙 변화가 빠르다. 성공에 도달하는 시간도 점점 단축되고 있다. 물리적 시간보다 중요한 건 실행력과 전략이다. LA에서 찾아온 수강생처럼, 진정성 있는 콘텐츠는 예상보다 더 멀리, 더 깊이 닿을 수 있다.

[LA한국교육원에서 보자기 수업을 수강하는 수강생님들]

'데일리보자기'만의
독특한 수업 방식

'데일리보자기'에는 다른 어디에서도 보기 어려운, 오직 '데일리보자기'만의 독특한 수업 방식이 있다. 일반적인 공방이나 협회에서 운영하는 보자기 자격증 수업은 정해진 커리큘럼을 반드시 따라야 하며, 해당 과정을 이수해야 자격증을 취득할 수 있다. 모든 내용이 복제 가능한 시스템으로 운영되기 때문에, 창의성보다는 반복과 암기가 중심이 되는 경우가 많다.

하지만 나는 보자기에 대해 본격적으로 배운 사람이 아니었고, 선행 사례가 없는 방식으로 사업을 이어왔기에 정답 없는 수업을 만들어야 했다. 수업을 진행하는 지금도, 창업 초기처럼 유연한 실전 중심의 방식을 고수하고 있다.

유튜브로 알려지기 2년 전 블로그에 올린 글을 보고 처음으로 보자기 제작 수업에 대한 문의가 들어왔다. 정해진 수강료조차 없었고, 그때부터 하나하나 고민하며 수업을 만들어가기 시작했다. 가장 먼저 한 일은 '왜 배우고 싶은가'를 묻는 것이었다.

제작 수업은 두 가지 방식으로 나누었다. 하나는 체험형 수업으로, 직접 제작해 본 뒤 보자기를 도매로 구매할 수 있도록 연결해 주는 방식이다. 다른 하나는 고급 과정으로, 거래처 정보를 공유하고 기계 구매까지 도와주며 100% 직접 제작이 가능하도록 안내하는 수업이다. 이 과정은 내가 동대문 시장을 발로 뛰며 직접 샘플을 사고 협상하며 쌓아온 노하우를 담고 있었기에, 수강료가 더 비쌌다.

그 수업에 '고씨앙금(서울 중랑구에 있는 화과자 공방)'이라는 화과자 재료 판매 사장님이 찾아오셨다. 열정적이고 의지가 단단한 분이었다. 마치 사업 초창기의 나를 보는 듯한 느낌이 들 만큼, 무엇이든 해낼 것 같은 추진력을 지닌 분이었다.

수업을 시작하기 전 나는 항상 1시간가량 상담을 겸한 면담을 진행한다. 이 시간은 대화를 나누며 수강생을 파악하는, 매우 중요한 과정이다. 이 사람이 어떤 상황에 있고, 무엇이 필요한지를 빠르게 읽어내는 나만의 방식이다. 그 과정에서 종종 수업의 목적을 넘어, 내가 좀 더 도움을 줄 수 있는 방향이 보이기도 한다.

전직 치과기공사였던 20대 사장님은 퇴사 후 화과자에 매력을 느껴 관련 기술을 배우기 시작했지만, 막상 화과자 공방 창업을 준비하면서 주춤하고 있었다. 이미 시장에는 정교하고 예쁜 화과자를 만드는 업체들이 많았고, 그 안에서 경쟁력을 갖는 것이 쉽지 않다고 느낀 것이다.

그래서 그는 방향을 바꿨다. 포화 상태인 화과자 공방 대신, 화과자 도구와 재료를 판매하는 일부터 시작해 보기로 결심했다. 특히 화과자 제작에 꼭 필요한 실크 천은 대부분 일본에서 수입하는 고가의 제품이라, 한국에서 비슷한 원단을 구해 직접 제작해 판매하기로 한 것이다. 나처럼 동대문 시장을 발로 뛰며 원단을 찾고, 소량 구매나 샘플 정도만 구매한다는 이유로 무시당했던 상황을 견디며, 결국 1롤 단위 대량 주문이 가능한 업체를 발굴해 냈다. 직접 원단을 재단하고 재봉해 판매했지만, 하루 종일 작업해도 열 장을 만들기 어려웠다고 했다.

이야기를 들으며 '내가 도울 수 있겠구나' 하는 확신이 마음 깊이 일었다. 이분이 내게 온 목적은 단순히 보자기 제작 기술을 배우는 것이 아니라, 화과자와 함께할 수 있는 보자기를 직접 제작하고, 커스터마이징된 실크스크린 도안으로 인쇄하여 시장에 내놓고자 하는 데 있었다.

그동안 다른 보자기 업체에도 수없이 문의했지만, 돌아온 답변은 대부분 "맡기면 제작해 주겠다."라는 것이었고, 정작 어떻게 만드는지는 알려주는 곳이 없었다고 했다. 그러다 우연히 내 블로그 글을 보고 직접 연락을 주신 것이다.

나는 이분이 기술만 익히면 곧바로 수익을 낼 수 있을 거라 확신했고, 도와줄 수 있다는 사실이 무척 기뻤다. 가장 시급한 문제는 제작 속도였다. 나는 인터로크 마감 기계를 활용하면 현재보다 작업 속도를 열 배 이상 높일 수 있다고 설명하며, 사용법을 상세히 알려드렸다.

사장님은 곧바로 기계를 구매하고 싶어 하셨지만, 당시 남편의 작은 사무실에서 스마트스토어를 운영 중이었기에 대형 공업용 재봉기를 들일 공간이 마땅치 않았다. 기계를 들이려면 상가를 구해야 했다. 그래서 나는 조심스럽게 제안했다.

"지금처럼 온라인으로만 하실 게 아니라면, 이참에 본격적으로 시작해 보시는 건 어때요? 실크 천을 대량 생산하면 속도도 빨라지고 수익도 늘어날 테니, 저렴한 상가를 알아보시는 건 어떨까요?"

수업을 마친 사장님은 "바로 부동산부터 돌아다녀야겠다."라고 하시며, 실제로 그날부터 상가를 알아보기 시작했다. 마땅한 곳이 없어 걱정하던 중, 2주 뒤 공방 자리로 쓰기 딱 좋은 급매물이 나왔다며 기분 좋은 목소리로 계약 소식을 전하셨다.

매장을 오픈하고 실크 천 판매를 시작하자 곧 매출이 발생했다. 별도 인테리어 없이도 깔끔한 매장이었기에 빠르게 자리 잡을 수 있었다. 본격적으로 공간을 마련하자 자연스럽게 화과자에 대한 문의도 들어왔고, 화과자 판매도 병행하게 되었다. 내 예측은 틀리지 않았다.

그 이후로도 사장님은 승승장구했다. 오픈한 지 2년도 채 되지 않아 더 큰 공방으로 확장 이전했고, 커스텀 화과자, 커스텀 보자기, 3D 화과자 재료 등 다양한 아이템으로 브랜드를 확장하며 성공적으로 사업을

['고씨앙금' 공방] ['고씨앙금'의 화과자와 접목한 보자기 선물 세트]

운영 중이다. 마케팅 선생님께 사장님을 소개해 드린 뒤로는 서로의 애제자가 되어 끈끈한 관계를 이어가고 있다.

 그분은 아직도 종종 연락을 주며 늘 고맙다고 말한다. 처음에는 얼떨결에 시작된 보자기 제작 수업이었지만, 그것이 한 사람의 창업을 이끌고, 도약할 수 있게 한 도구가 되었다는 사실이 참으로 뜻깊다.

가르치는 것 이상의 수업, '데일리보자기' 창업 교육

 유튜브를 보고 단순히 가격만 문의하는 수강생들은 보통 이렇게 묻는다.

"창업반 수강료는 얼마인가요? 수업 기간이나 커리큘럼이 궁금합니다."

하지만 나는 지금까지 단순한 수업을 넘어, 수강생이 창업하는 순간까지, 아니 그 이후까지도 끊임없이 이어지는 방식으로 수업을 진행해 왔다. 그러다 보니 점점 부담도 커졌다.

수강생 대부분은 전업주부이거나 50대 이상의 연령층으로, 온라인 마케팅에 익숙하지 않고 창업 경험도 없었다. 그래서 수업할 때마다 많은 에너지를 쏟아야 했고, 단기보다 장기적인 관계로 이어지는 경우가 많았다.

수요와 공급에 따라 '데일리보자기' 창업반의 수강료는 점점 오를 수밖에 없었고, 결국 300만 원에 이르는 고가 수업이 되었다. 나는 '금액과 의지는 비례할 것'이라 믿었다. 정말 간절한 사람, 그리고 지금 당장 내 도움이 절실한 사람 위주로 수강생을 받기 시작했다. 특히 제2의 인생을 준비하는 중장년층 수강생이 많았다.

20대부터 보험 영업을 해 오며 수많은 사람을 만나온 나는, 사람을 보는 눈이 남다르다는 장점이 있었다. 그리고 사업한 지 4년이 지나고서야 내 적성을 정확히 알게 되었다. 나는 현장에서 뛰는 '선수'보다, 선수를 도와주는 '코치' 역할이 훨씬 더 잘 맞았다. 한때는 누구보다 성과를 내는 영업인이었지만, 지금은 인재를 발굴하고 성장시키는 '지도자'의 자리에서 더 큰 만족감을 느끼고 있다.

내 사업을 운영할 때보다, 수강생을 도울 때 오히려 더 열정이 불타

올랐다. 이론을 차근차근 가르치기보다, 당장 생계를 이어갈 수 있는 실전 중심의 수업을 잘 해냈고, 그런 나와 성향이 맞는 수강생들은 시작과 동시에 곧장 실전에 투입될 수 있도록 지원했다.

수강생 중 절반 이상은 이미 본업이 있는 분들이었다. 공예를 하거나 디저트 매장을 운영 중이거나, 카페를 운영하는 등 각자 자신의 영역이 있었다. 이런 수강생들에게는 기술을 갈고닦는 시간보다, 오늘 배운 기술로 당장 주문을 받을 수 있게 만드는 데 집중했다.

"이 정도만 배우시고, 제가 도와드릴 테니 바로 홍보해서 판매해 보세요."

이렇게 말한 적도 많았다.

어느 수강생은 1일 수업만으로도 다음 달에 200장짜리 주문을 받았다. 재료도, 도구도, 기계도 없었다. 그래서 나는 내 일정을 비우고 주말을 반납해 공방으로 오시라고 했다. 함께 대량 작업을 하며 200장을 제작했고, 그 과정에서 보자기 제작을 완전히 익히셨다.

또 어떤 토탈 공예 사장님은 보자기 제작 수업을 들은 뒤, 기존에 판매하던 제품 대신 손수건 납품으로 아이템을 전환했다. 그 제품은 노력 대비 이윤율이 예전보다 높았고, 성수기에는 월 매출 1,000만 원을 달성하기도 했다.

하지만 같은 수강료를 지불하고도 판매하지 못하거나, 계속 배우기만 하다 결국 포기하는 분들도 있었다. 속상했다. 같은 내용을 알려줘도 누구는 잘 해내고, 누구는 아무것도 하지 않는다. 배우기만 하고 실행하지 않으면 아무 의미가 없다는 사실을 절감했다.

그래서 지금은 수업 문의를 받을 때, 이미 매장을 운영하는 분들에게 더 집중하고 있다. 그런 분들을 도와드리는 일이 훨씬 재미있고, 에너지도 덜 든다. 아무것도 하지 않는 사람을 움직이게 만드는 일은 정말 많은 힘이 필요하기 때문이다. 그래서 수강생을 받을 때도 의지가 있는 분 위주로 신중히 결정한다.

특히 기억에 남는 수강생이 있다. 처음으로 보자기라는 아이템 자체에 매력을 느껴 '데일리보자기' 지점 문의까지 해 온 부산점 대표님이다.

보통 보자기를 배우고 싶어 하는 분 중 나보다 어린 사람을 본 적이 없었다. 대부분이 중년 여성분들이었다. 그런데 이 대표님은 어린 나이에도 보자기를 다른 아이템과 병행하려는 것이 아닌, 사업의 중심으로 삼고 싶어 하셨다.

미술 전공자로서 원래는 미술 학원을 차릴 계획이었지만, 어머니의 카페를 도우며 카페 창업을 하게 되었고, 그곳에서 건강식품을 보자기로 포장해 판매했더니 카페 수익보다 훨씬 많아졌다고 한다. 그 경험을 통해 보자기에 관심을 갖게 되었고, 이 아이템으로 사업을 하고 싶어진 것이다. 어쩐지 나의 생각과 많이 닮아 있었다.

게다가 부산이라는 관광지에 지점을 낸다면 나보다 더 잘될 거라는 확신도 들었다.

의지도 남달랐다. 문의하신 시점은 추석을 앞둔 매우 바쁜 시기였다. 원래는 9월 중순에 수업 일정을 잡으로 했지만, 나는 생각을 바꿨다.

"멀리 사시는 데다 시간이 많지 않으니, 차라리 제일 바쁜 시기에 와서 함께 일하며 배우는 게 훨씬 효과적일 거예요."

대표님도 그 의견에 동의했고, 그렇게 3박 4일간 평택에서의 특훈이 시작되었다. 가장 바쁜 시기에 오셔서, 직원 선생님과 셋이 함께 대량 작업을 반복하며 다양한 공정을 빠르게 익혔다. 이론보다 몸으로 배우는 실전 수업이었다. 보자기 제작은 물론, 고객 응대와 포장 실습까지 익히는 시간이었다.

무엇이든 배우려는 모습이 예뻐서, 며칠간 출퇴근을 함께하며 많은 이야기를 나누었고 우리는 친언니와 동생처럼 가까워졌다. 이후에도 세 차례나 평택을 방문했고, 함께 수업을 듣고 거래처 시장 투어를 다니며 개업 준비를 마쳤다. 그분은 지금도 '나와 가장 닮은 복제 수강생'으로 불린다.

올해 1월, 완도에서 오신 한 수강생을 만났다. 그분은 지금까지 가르쳐온 수강생들과는 분명히 달랐다. 완도에서 영어학원을 운영하시면서, 가족이 있는 평택으로 매주 오가셨다.

"매주 오셔도 돼요."라고 말씀드려도, 대부분의 수강생은 한 달에 한 번 오기도 버거워한다. 하지만 이 수강생님은 간절함이 남달랐다. 매주 빠짐없이 찾아오셔서 아이템 개발부터 마케팅 수업까지 밀착형 교육을 받을 수 있었다.

특히 블로그 수업에 흥미를 느끼신 뒤로는 하루에 두 개씩 포스팅을 올리며 꾸준히 기록을 쌓아갔다. 그 열정은 나보다 더 빠른 속도로 블로그를 성장시켰다. 지인에게 판매하는 단계를 넘어서, 스마트스토어를 개설하고 첫 주문을 받은 데까지는 단 2주밖에 걸리지 않았다. 그리고 그로부터 얼마 지나지 않아, 직접 개발한 '독립운동가 책갈피'가 대량 주문으로 이어졌다.

결국, 또 한 번 실감하게 된다. 성공은 특별한 재능이나 타이밍이 아니라, 끝까지 꾸준히 해내는 사람의 몫이라는 것을. 이 경험 이후 나는 앉아서 이론만 설명하는 수업보다, 현장에 투입해서 몸으로 익히는 수업방식이 훨씬 효과적이라는 걸 깨달았다. 가까이 있는 수강생들에게는 일이 많을 때 일당을 드리고 함께 일하기도 했고, 일이 겹쳐서 혼자하기 버거울 때는 다른 수강생들에게 일을 나눠드리기도 했다. 어제 수업을 먼저 받은 수강생이, 오늘 처음 온 수강생에게 재봉을 가르치는 일도 흔했다. 배운 것을 연습해서 내가 잘하게 되는 것도 중요하지만, 직접 가르쳐 보면 오히려 더 빠르게 내 것이 된다는 사실을 몸소 체험했던 터였다.

이런 자연스러운 실전 교육 구조 속에서, 나는 단순한 강사를 넘어 수강생을 사업파트너로 키워낼 수 있었다.

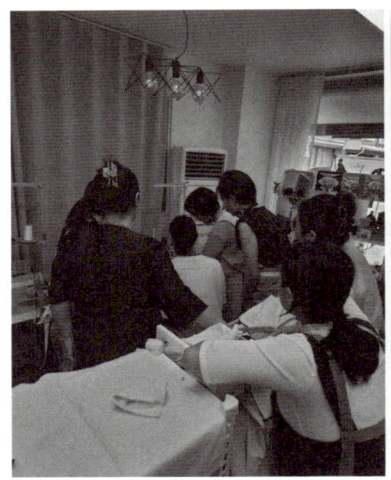 

[창업반 수강생분들과 단체수업]

[수강생님과 함께 작업한 대량 주문건]

보자기 계의 '이삭토스트'가
되기로 하다

    우연히 '이삭토스트'의 '착한 가맹점' 이야기를 접했을 때 가슴이 뛰었다. '이삭토스트' 대표는 로열티나 인테리어 비용을 받지 않고 전국에 지점을 내주는 '착한 가맹'의 선례로 알려져 있다. 그 모델에서 큰 영감을 받아, 나 역시 '데일리보자기'를 그런 방향으로 키우고 싶다는 바람을 품게 되었다. 맨땅에 헤딩하며 시작했던 나로서는, 이미 검증된 시스템 안에서 출발하는 일이 얼마나 큰 힘이 되는지 잘 알고 있었기 때문이다.

    보통 스승과 제자의 관계는 시간이 흐르며 금이 가는 경우가 많다. 어떤 스승은 제자를 견제하거나 의식하기도 하고, 제자 중에는 스승의 아이디어를 그대로 모방해 원조라 주장하는 경우도 있다. 가족 간에 함께 시작한 사업이 자리를 잡기 시작할 즈음, 갈등이 깊어져 법정 다툼까지 이어지는 사례도 종종 뉴스에서 접한다.

'데일리보자기' 역시 처음엔 작고 미약했지만, 이제는 하나의 브랜드로 성장하고 있다. 내가 직접 일군 브랜드지만, 나 혼자 모든 것을 움켜쥐는 대신 전국에 '데일리보자기' 지점이 생겨 서로 선한 영향력을 주고받는 구조를 만들고 싶었다. 모두가 함께 잘되는 길을 걷는 것이 나의 진심이었다.

초기 창업반 수강생들에게는 '제2의 데일리보자기'가 될 수 있도록 브랜드명부터 함께 고민하고, 로고도 직접 제작해 주며 차근차근 시작을 도왔다. 그러나 시간이 지나면서 운영을 이어가지 못해 그 모든 노력이 원점으로 돌아가는 경우도 많았다. 이러한 경험을 반복하며, 어떻게 하면 더 지속 가능하게 도울 수 있을지 고민하게 되었다.

창업 수업을 몇 개월간 이어오며 느낀 점은, 아무리 잘 알려줘도 온라인 홍보가 막막하다는 분들이 많다는 사실이었다. 그래서 '내가 더 잘하는 방식으로 도움을 주는 게 낫겠다'라는 판단 끝에 새로운 운영 방식을 도입했다. 기존처럼 지점 오픈 비용을 따로 받지 않고, 창업반 수업을 이수한 뒤 필요한 기계만 갖추면 기존 상호를 유지한 채 '데일리보자기 취급점'으로 병행 운영할 수 있도록 시스템을 바꾼 것이다.

보자기 공방을 오픈하기 위해서는 대장 보증금과 월세를 제외하더라도 수강료를 포함해 약 1,000만~1,300만 원 정도면 시작할 수 있다. 물론 창업에 필요한 기계와 재료를 모두 갖추려면 더 큰 비용이 들지만, 기본적인 설비만으로도 충분히 가능하다. 하지만 모든 준비를 마쳐도 실행에 옮기지 않으면 수익은 0원이 될 수 있다.

　반면, 기계를 다 갖추지 않더라도 판매 중심으로 적극적으로 움직이면 얼마든지 수익을 낼 수 있다. 나는 수강생의 상황에 맞춰 유연하게 창업할 수 있도록 돕고 있으며, '데일리보자기'라는 브랜드도 함께 성장하고 있다.

　각 지점의 대표님들은 개성도, 운영 방식도 모두 다르다. 꼭 본점과 동일한 상품이나 방식으로 운영할 필요는 없다. 오히려 각자의 강점을 살려 시너지를 내는 것이 중요하다고 믿는다.

　예를 들어, 양산점 대표님은 재봉틀을 능숙하게 다루어 앞치마, 소품, 의류 등 소잉 수업과 보자기 수업을 접목해 운영하고 있다. '단디보자기'라는 브랜드와 '데일리보자기'를 함께 운영하는 부산점 대표님은 답례품 중심의 다양한 제품을 직접 포장해 판매하는 방식으로 자리를 잡았다. 고양시 향동에 있는 '스타보자기'의 대표님은 나와 같은 아모레 카운슬러 출신으로, 해당 네트워크를 활용한 맞춤 수업을 제공하고 있다. 어머님이 오랫동안 한복을 제작하셨기에, 한복 원단을 활용한 보자기 도소매와 포장 수업도 병행하고 있다.

　인천점 '향포랑' 대표님은 선물 포장 경력이 풍부해 광목 보자기 납품과 수제 용돈 봉투 등을 온라인으로 판매 중이며, 광양점 '향기메이드' 대표님은 식용 아로마 오일을 활용한 쿠킹 클래스를 운영하며 보자기 수업도 함께 진행 중이다. 목포점 '예다움' 대표님은 홈패션 매장과 지자체 행사 수업을 병행하며 활동 중이고, 오픈을 준비 중인 순천점 대표님은 어린이집 교사에서 퇴직 후 실업급여와 창업 지원사업을 활용해 보자기 답례품 중심의 창업을 계획하고 있다. 제주점 대표님은 기존에 운영하던 카페를 공방 겸 카페로 전환해 오란다 답례품과 자이언트 플라워 등 다양한 공예를 접목해 운영하고 있다.

처음에는 모두 같은 이름, 같은 제품, 같은 가격으로 운영해야 한다고 생각했지만, 실제 여러 지점을 운영해 보니 프랜차이즈 방식이 아니기에 지역적 특성과 사장님의 특성, 역량을 반영하는 것이 훨씬 효과적이라는 것을 알게 되었다. 보자기 하나만으로는 장기적인 사업 운영에 한계가 있다. 아직 보자기를 일상적으로 사용하는 소비자는 드물기 때문이다.

그래서 지점 오픈을 희망하는 수강생들에게는 반드시 각자의 개성과 무기를 함께 준비하라고 강조한다. 같은 이름과 브랜드 인지도를 공유하되, '굳이 이 지점에 가고 싶어지는 이유'가 있어야 한다. 내용물이 없는 보자기의 한계를 극복하려면 다른 아이템과의 접목을 통해 시너지 효과를 내야 한다.

나는 절대 "보자기 창업만 하면 매달 수백만 원 벌 수 있어요."라고 말하지 않는다. 결국 사업의 성패는 '내가 어떻게 하는가'에 달려 있다. 어떤 일도 노력 없이 이루어지는 법은 없다.

자영업을 꿈꾸는 이들에게 보자기 창업은 훌륭한 선택지가 될 수 있다. 기본 창업 비용이 3천만 원에서 1억 원 이상 드는 여타 업종에 비해, 상대적으로 적은 자본으로도 시작할 수 있기 때문이다. 경제적으로 여유가 없는 분들에게, 나처럼 무에서 시작한 누군가에게, '데일리보자기'는 최적의 창업 모델이 될 수 있다.

하지만 이처럼 보자기는 큰 부담 없이 시작할 수 있는 창업 아이템이지만, 그것을 어떻게 활용하느냐에 따라 나보다 더 잘될 수도, 그렇지 않을 수도 있다.

'데일리보자기'의 운영 철학

내가 꿈꾸는 브랜드는 '나만 잘되는' 브랜드가 아니다. '데일리보자기'는 누군가의 인생을 응원하고, 삶을 연결하며, 가치를 나누는 브랜드여야 한다. 그래서 '지점'이 아닌 '취급점'이라는 이름을 고수했고, '교육생'이 아닌 '파트너'라는 호칭을 사용했다.

나는 공방마다 개성과 지역의 특색이 살아있기를 바랐다. 같은 제품이라도 만드는 사람의 손끝에 따라 감성이 달라진다는 것을 그동안 많이 보아왔기 때문이다. 브랜드 운영 매뉴얼은 지침서가 아니라, 서로의 색깔을 존중하는 나침반이어야 했다.

파트너들에게는 원단과 제품에 대한 정보를 아낌없이 공유했다. 함께 제품을 기획하고, SNS 운영법과 촬영 노하우도 알려드렸다. 정해진 방식이 아니라, 서로 가장 편한 방법으로 성장하는 구조가 '데일리보자기'다운 길이라고 믿었다.

물론 모두가 성공한 것은 아니었다. 그러나 모두가 성장했다. 나는 그것으로 충분했다. 어떤 수강생은 공방을 열지는 못했지만, 보자기를 매개로 이웃과 소통하며 마을 공동체의 중심이 되었다. 어떤 수강생은 자녀 결혼식에서 예물을 직접 보자기로 포장하며 삶의 가장 아름다운 순간을 완성했다.

이 모든 경험은 하나의 확신으로 이어졌다.

보자기는 단지 포장재가 아니다. 보자기는 사람과 사람을 묶는 '매듭'이다. 그 매듭 안에 이야기와 손길, 그리고 마음이 담겨 있다.

나는 그 이야기를 오늘도 이어가고 있다. 혼자 가면 빨리 갈 수 있지만, 함께 가면 더 멀리 갈 수 있다는 믿음을 안고, '데일리보자기'를 사랑하는 이들과 함께 천천히, 그러나 단단하게.

['데일리보자기' 수강생분들과 함께한 신년회]

PART 5 '데일리보자기', 전국 지점의 꿈을 이루다

에필로그

이제, 당신의 보자기를 펼칠 시간입니다

　인생은 아름다운 보자기처럼 우리의 실패와 성공, 눈물과 기쁨을 모두 감싸안습니다.

　첫 책을 쓰는 지금, 창업을 결심했던 그 날부터 오늘에 이르기까지 5년간의 여정이 주마등처럼 스쳐 지나갑니다. 빚더미에 앉아 울던 날, 첫 수익이 생겨 가슴이 뛰던 순간, 전국 지점 오픈 소식에 밤새 잠을 이루지 못했던 기억까지. 그 모든 순간이 한 편의 영화처럼 생생하게 떠오릅니다. 지금 이 글을 읽고 계신 여러분도 언젠가는 자신만의 인생 영화를 만들 주인공이 될 수 있어요. 아니, 이미 그 영화의 주인공이지요.

　돌이켜보면 앞만 보고 달려온 5년이었습니다. 경주마처럼 옆도 뒤도 돌아보지 않고 오직 한 곳만 바라보며 달려왔지요. 그러다 보니 어느새 무일푼의 빚쟁이 경력 단절 여성에서 '데일리보자기 전국 지점 대표'라는 이름을 갖게 되었네요. 이 과정에서 흘린 눈물, 밤잠을 설쳐가며 고민했던 순간들, 그리고 포기하고 싶었던 수많은 좌절. 이제야 그 모든 고비를 어떻게 넘겼는지 저 자신도 놀라울 때가 많아요.

처음 시작했을 때의 목표는 단 하나, '돈'이었어요. 빚더미에서 벗어나고 싶었죠. 가족에게 짐이 되고 싶지 않았고요. 매일 밤 통장 잔액을 확인하며 한숨을 쉬던 날들이 지겹고 또 지겨웠습니다. 누군가는 이런 솔직한 고백이 너무 세속적이라고 생각할지도 모르겠어요. 하지만 저에게 현실은 그랬습니다. 아름다운 꿈과 고상한 목표는 빈속을 채워주지 못하잖아요. '생계'라는 무거운 바위를 어깨에 짊어진 채 시작한 여정이기도 했거든요. 그렇게 한 가지 목표만 바라보고 달려오니, 공방이 조금씩 자리를 잡기 시작할 무렵 문득 자문하게 되었어요.

'나는 왜 이 일을 하고 있지? 진짜 원하는 것은 무엇일까?'

단순히 빚을 갚기 위한 수단으로 시작했던 일이 내 삶의 의미와 연결되는 순간이었죠.

어느 날 창업컨설팅을 받은 수강생으로부터 "내 평생의 꿈을 이룰 수 있게 도와주셔서 감사하다."라는 말을 들었어요. 그 순간 내가 왜 이 일을 하는지 비로소 이 일이 단순한 생계수단이 아니라 내 영혼을 채우는 일임을 깨달았습니다. 매출 숫자보다 중요한 것이 있었어요. 바로 살아있음을 느끼는 그 순간의 기쁨이었죠. 현실의 벽에 부딪혀 잊고 있었던 꿈이 다시 고개를 들기 시작한 순간이기도 했어요. 선한 영향력으로 과거의 나처럼 힘든 사람들을 돕고 싶었던 오래전의 열망. 그 꿈을 가능하게 해 준 것이 바로 '데일리보자기'입니다.

매출 그래프보다 더 값진 것은 이 일을 통해 찾은 삶의 의미였어요. 그렇게 저는 내 일을 미치도록 사랑하게 되었습니다. 돈을 벌기 위해 시작한 일이 결국 돈보다 더 소중하다는 가치를 알게 해 주는 순간이었습니다.

물론 돈은 중요합니다. 누군가를 도와주고 싶다면 먼저 자신이 단단히 서야 해요. 빈 그릇으로는 다른 이의 배고픔을 채워줄 수 없잖아요. 내가 먼저 잘되어야 다른 이를 도울 수 있는 능력이 생기는 거니까요.

보자기의 가장 큰 단점은 내용물이 없다는 점이에요. 텅 빈 천 조각에 불과하죠. 하지만 그 '비어있음'이야말로 가장 큰 장점이 됩니다. 마치 열린 마음과도 같아요. 이런 특성 때문에 보자기는 다른 업종과 함께할 때 진가를 발휘할 수 있어요. 다른 사장님의 제품이 잘 팔리도록 도와주는 과정에서 제가 함께 성장할 수 있었는데, 바로 이것이 제가 보자기를 사랑하는 이유이기도 해요. '데일리보자기'를 전국 지점(취급점) 형태로 확장하게 된 계기도 이런 철학에서 비롯되었어요.

많은 분이 물어보세요. "피땀 흘려 만든 '데일리보자기'를 지점으로 내주고 모든 노하우를 알려줘도 되나요?"라고.

하지만 제 답은 늘 '괜찮다'라는 거였어요. 저처럼 특별한 능력 없이 시작하는 분들에게 '데일리보자기'라는 이름을 통해 성공의 기회를 제공할 수 있다면, 그것이야말로 제 사업의 진정한 가치라고 생각했거든요.

작은 공방 하나를 오픈하는 과정에서도 수많은 난관에 부딪혀요. 공간 선정부터 인테리어, 재료 구매, 제품 개발, 마케팅, 판매까지…. 혼자서 해내기에는 너무나 많은 일이잖아요. 저는 그 과정을 홀로 헤쳐나왔기에 더 잘 알아요. 그래서 누군가에게 이 고독한 시간을 조금이라도 덜어주고 싶었어요. 이것이야말로 제가 이룬 성공의 가장 값진 활용법이라고 생각합니다.

이 글을 읽고 단순히 "와, 이 사람 대단하다."라며 책을 덮지 말아 주세요. 그보다는 "나도 뭔가 시작해 볼까?"라는 작은 불씨가 가슴 속에 피어오르길 간절히 바랍니다.

나이, 경력, 현재 상황은 중요하지 않아요. 중요한 것은 첫발을 내딛는 용기예요.

인생의 나이테는 우리가 몇 번 넘어졌는지가 아니라, 몇 번 다시 일어섰는지로 그려진다고 해요. 이 책을 통해 받은 영감이 내일의 첫걸음으로 이어지길 진심으로 응원합니다. 제 이야기가 작은 희망이 되었다면, 이 책을 쓴 가장 큰 보람일 거예요.

이제 여러분의 차례예요. 여러분만의 특별한 보자기를 펼쳐보세요. 더는 망설이지 말고 그 안에 담길 무한한 가능성을 믿으세요. 그리고 그 여정에서 만나게 될 수많은 인연과 기회에 마음을 열어 두면 분명 길은 열릴 겁니다.